急成長を導くマネージャーの型

地位・権力が通用しない時代の“イーブン”なマネジメント

長村禎庸

技術評論社

はじめに

イノベーターが生んだサービスを、マネジメントの力で急成長させる

「うちの会社のサービス、良いものなんだけど、なぜか会社が成長しない」

こんなことを思いながら、モヤモヤ仕事をされている方は多いのではないでしょうか。具体的には、こんなことを感じているのかもしれません。

「人が入ってもすぐ辞めてしまう」
「会社の雰囲気が暗い」
「みんなあまりやる気がない」
「社長や上司の悪口がメンバー間で横行している」
「会社としての方向性がよくわからない」

良いアイデア、良いサービスを持っていて、「これからさらに大きくしよう」「世界を変えよう」と

意気込む会社も、このような状態では大きくなりません。

この会社には、大事な何かが欠けています。

ベンチャー創業者や社内の新規事業担当、あるいは社会起業家などが立ち上げる新しい挑戦＝ベンチャーにおいて、彼（女）らイノベーターが生んだ新しいサービスを大きく育てるのは、〝マネジメント〟の力です。それは、新しいものを0から生む力とはまったく異なるものです。その力を発揮し、新しく生まれたサービスを大きく育てるのがマネージャーです。

ベンチャーにおいて、マネージャーは新しいサービスを急成長させるために、目標を立て、戦略を策定し、組織を作り、人の才能を最大限活用し、そのサービスが持続的に成長するような仕組みを作ります。イノベーターの仕事が「0を1に」する仕事であるとすれば、マネージャーの仕事は「1を100に」する仕事ともいえます。良いマネージャーがいるから、良いサービスは大きく育ち、やがて日本を、世界を変えます。

ベンチャーのマネージャーには、〝ベンチャー特有の〟マネジメントスキルが求められます。安定成長志向で事業基盤が強い組織と、急成長志向で事業基盤が弱い「ベンチャー」では、同じ「マネジメント」でも求められる能力は異なります。〝ベンチャーという特殊なシチュエーションに特化したマネジメント能力〟が求められるのです。

私は2009年にDeNAに入り約8年間、規模の大小、そして職種も異なる、さまざまなチームのマネジメントや経営を担当しました。そして、2017年にハウテレビジョンというベンチャー企業に取締役COO（最高執行責任者）として招聘された私は、DeNAで培ったマネージャーとしての力をフル活用し、「組織が崩壊している」状態だった同社を2年で立て直し、東証マザーズ上場に導きました。

この経験を通じて「起業家が生んだサービスを成長させる、ベンチャー特有のマネジメントの技術」について改めてその必要性を実感しました。しかし、それを体系化し世の中に提供しているコンテンツは1つもありませんでした。

「この技術は、新しいプロジェクトがどんどん生まれるこれからの時代には絶対に必要だ」

そう感じ、本書を執筆するに至りました。

ネットワーク型組織で求められるのは〝イーブン〟な関係のマネジメント

副業解禁、DX、SNSの発達、終身雇用の崩壊などを背景に、さまざまな人が有機的につながる組織モデルにシフトしつつあります。1つの組織の中で完結してプロジェクトをおこなう1社完結型組織から、他社、副業、フリーランスなど所属組織の枠を超えたさまざまな人とつながり協働して価値を生む「ネットワーク型組織」へと、時代はシフトしつつあります。また、新型コロナウイルスの

図i
1社完結型組織とネットワーク型組織

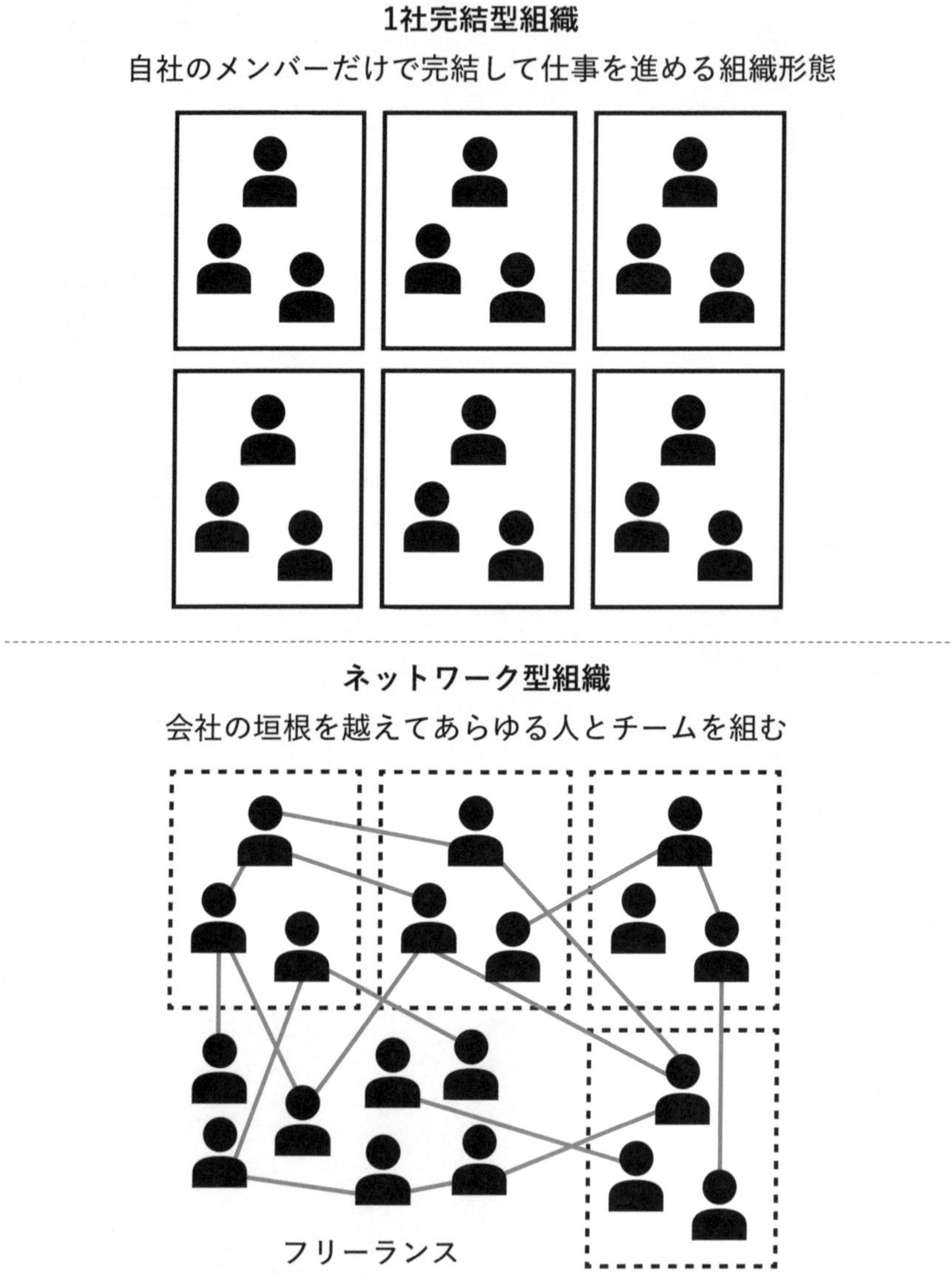
1社完結型組織
自社のメンバーだけで完結して仕事を進める組織形態
ネットワーク型組織
会社の垣根を越えてあらゆる人とチームを組む
フリーランス

図ii

ネットワーク型組織がオンラインワークを求め、
オンラインワークがネットワーク型組織の参加者を増やす

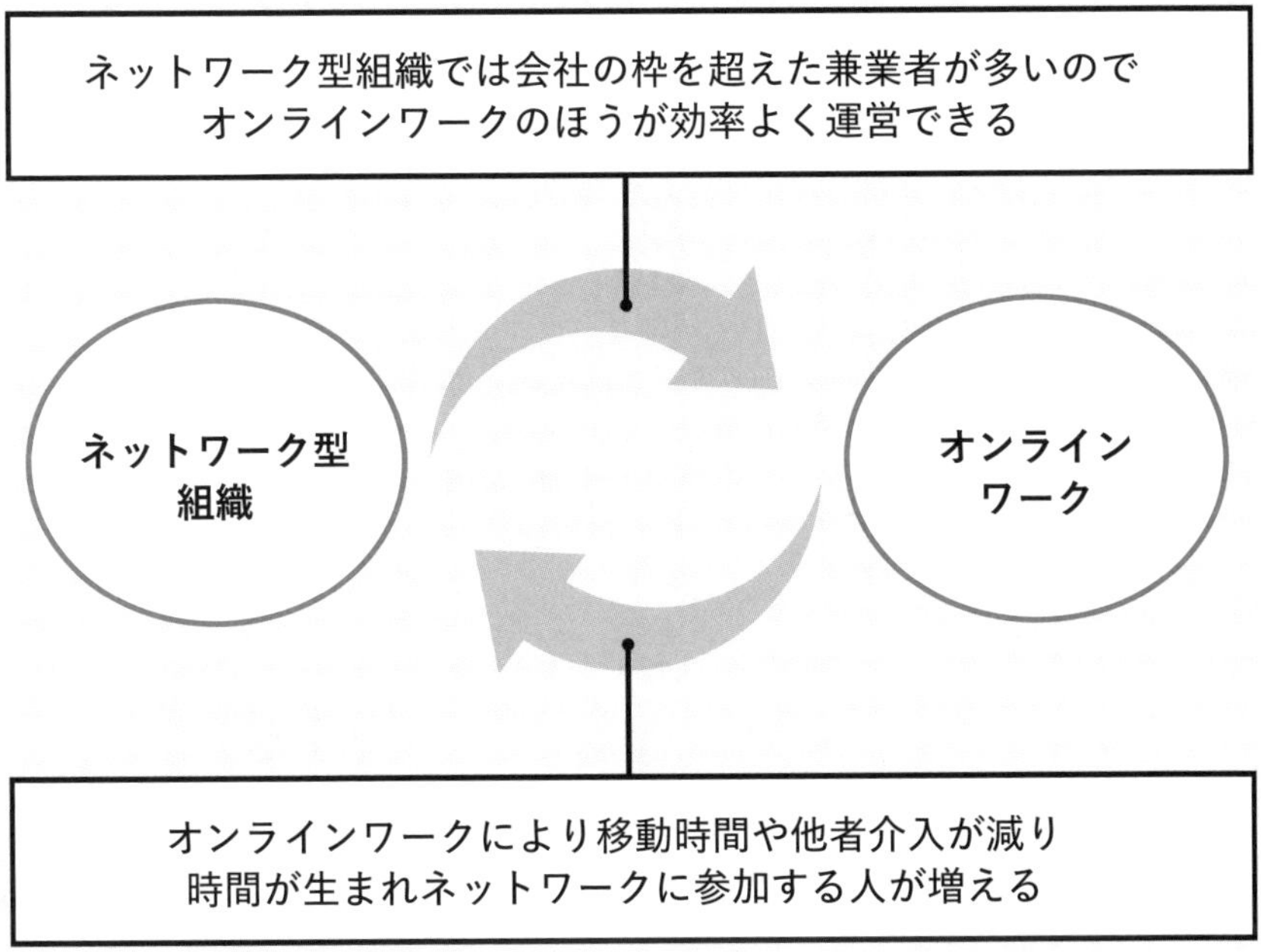
ネットワーク型組織では会社の枠を超えた兼業者が多いので
オンラインワークのほうが効率よく運営できる
ネットワーク型
組織
オンライン
ワーク
オンラインワークにより移動時間や他者介入が減り
時間が生まれネットワークに参加する人が増える

感染拡大をきっかけに一気に広まった「オンラインワーク」は、今後も私たちのワークスタイルに根づいていくものと思われます。

ネットワーク型組織において、プロジェクトの参加者はさまざまなプロジェクトを手がける兼業者が多いため、オンラインワークが非常に便利です。場所に制限されず、多様な参加者を集めることができます。一方、オンラインワークが根づく世界では、すでにみなさんも感じているように、移動時間やオフィス内の周囲の目がなくなり、ネットワークに参加しやすいです。そのため、より多くの人が、兼業という形でネットワーク型組織に参加するでしょう。

ネットワーク型組織が、オンラインワークを求める。
オンラインワークが、ネットワーク型組織の参加者を増やす。

ネットワーク型組織とオンラインワークは、相互に作用・強化し合っているのです。この相互作用が、私たちを新しい働き方の時代へと急速に誘っています。

このような時代では、会社の中での地位や権力を活かしたマネジメントは通用しません。多様な立場の人と、対等＝イーブンな関係でチームをまとめあげ、プロジェクトを推進する必要があります。

イーブンなマネジメントがおこなわれるチームでは、「マネージャーは地位や権力ではなく役割でしかない」という認識がメンバー間にはっきりとあり、そこには「自分の思うことを自由に発言していい」という安心感があります。自社の社員だけではない多様な立場のメンバーが、それぞれの知見

図iii

対等＝イーブンな関係でチームをまとめられないと成功しない

物理的な空間を共有しない、“あうんの呼吸”が通用しないチーム

雇用形態も価値観も違うタレント

ヒエラルキーの通用しない関係性

↓

高度なオペレーションマネジメント、ピープルマネジメントができるマネージャーなしにはプロジェクトは成功しない

を元に、意見を活発に出し合います。そして、その意見をマネージャーが大いに活用することで、マネージャー1人では到底生めないであろう質の高い意思決定が可能になります。

また、メンバーの主体性を殺すような管理システムではなく、メンバーがそれぞれの才能を活かし躍動しながら、チームとして大事なことがスピーディに決まって進む仕組みが導入されています。そのようなチームが、答えの見えない新しいプロジェクトを急成長へと導きます。

新しいことを生み成功しているベンチャー企業では、コロナ禍よりずっと前から、「地位や権力を活かしたマネジメント」を嫌い、マネージャーとメンバーは単なる役割の違いと捉えた〝イーブンな関係〟で、〝地位や権力ではなく技術で〟マネジメントをしてきました。そして、これからの時代、新しいことに挑戦しようとするすべてのプロジェクトに求められるのは、この〝イーブンな関係でマネジメントをする技術〟を持ったマネージャーなのです。

個の時代を生き抜くための最強の技術をあなたに

「マネージャーなんてやりたくない」

そんなふうに言う人が増えるようになりました。

かつて1社の中に閉じこもって仕事をする時代の「マネージャー」は、その会社の中での自分の地位や権力、その先にある報酬やキャリアアップを示す「出世」の意味合いが強かったため、だれもがそれを求めたのかもしれません。しかし、ネットワーク型組織が広がるこれからの時代においては、そのような意味合いがどんどん薄れ、結果として「地位や権力を得られるわけでもないのに、自分のことではなく人のことばかりお世話して、損な役割だ」と思う人が増えたのでしょう。

しかし、イーブンなマネジメントの技術は、「個の時代」を生き抜くための非常に強い武器になります。私自身もそうですが、個人として「こんなことがしたい」と思う時、1人でやってもできることなどたかが知れています。個の時代において、みなさんは自分自身の意思ややりたいことに向き合い、それを事業やサービス、何らかの活動に変えていくことになります。そして、それを大きく育てるためには、多様な立場の人をまとめ上げる力が必要です。イーブンなマネジメントの技術は、まさにそれを実現する最強の武器として、あなたを助けることでしょう。個の時代だからこそ、個はマネージャーと化し、自分のやりたいことを思いきり表現することができるのです。

本書は、私の約10年に渡るベンチャーでのマネージャー経験や、たくさんの組織・個人への研究を通じて体系化した、「新しい挑戦を急成長させるイーブンなマネジメント技術の型」をみなさんに提供します。今の組織で成果を出すために、そしてその先にあるみなさんの自己実現が成就するために、本書が一助になればそれに勝る喜びはありません。

急成長を導くマネージャーの型 ─目次─

1章

マネージャーの役割を認識する 39

4章

チームの戦略3点セット【方針・KPI・重要アクション】 93

9章 個人目標設定で成長のきっかけを与え、評価で努力に報いる

10章

ピープルマネジメントでメンバーを動かす

11章 3つのコミュニケーション技術を使いこなす

12章

マネージャーの立ち位置と心得 301

終章

マネージャーにとって一番大事なこと

序章

マネジメントは経験でもセンスでもない、「型」を身につけ実行するのみ

マネージャーに憧れ、リクルートからDeNAへ

私は2006年に、新卒でリクルートに入社しました。配属されたのは、ブライダル事業「ゼクシィ」の営業です。新卒として入り右も左もわからない中、営業マンとして日々業務をおこなうわけですが、その営業マン3～4名をまとめる「チームリーダー」の仕事にいつしか憧れを持つようになりました。私にとってはじめてのチームリーダーは、チームにビジョンと戦略を示し、1人1人の成長・成果にコミットして伴走し、時に励まし、時に叱りながら僕やチームを大成功に導く、本当にかっこいい人でした。

入社から3年が経ち、私はその営業支店では担当クライアントや目標金額も最上級レベル、トップクラスの営業マンと言ってもよかったのではないでしょうか。さらに、営業だけではなく、ゼクシィの特集や広告商品の企画業務もこなすという、1人2役をこなしていました。「ほかの同僚や先輩よりも、明らかに自分のほうががんばってるし、自分のほうが秀でている」と本気で思ってました。

ですので、「私をチームリーダーにしてほしい」と上司に懇願しましたが、「ミスが多い」「周囲と調和が図れない」「まだ若いからね」など、当時の僕からすれば「些末な」ことばかり指摘され、「チームリーダーにはできないと」言われました。

「こんなくだらない会社は辞めよう」

そう思い、転職活動をおこなっていたところ、メガベンチャー前夜のＤｅＮＡに出会います。私がお会いしたのは、当時20代で、東証一部のＤｅＮＡで執行役員を任されていた柴田大介さん（現　株式会社ユニラボ代表取締役ＣＯＯ）です。柴田さんから、こう言われました。

「ＤｅＮＡでは、年齢とか経験とかそういうの関係ないからさ。やりたい仕事は、能力磨いて成果出して取りに行け。全員が幸せになれるような甘い環境じゃないかもしれないけど、負けるな。勝て」

柴田さん自身が、柴田さんのお言葉の生き証人でした。

ロールモデルを見つけてしまった私は、柴田さんと初対面にも関わらず、ひと晩中「ＤｅＮＡに入れてください」と懇願し続け、その後面接を経て、大幅な年収ダウンでしたが喜んでＤｅＮＡに入ります。

弱肉強食のベンチャー企業でわかったこと

ＤｅＮＡに入ると、柴田さんのように実力でマネージャーにのし上がった人たちがたくさんいました。年功序列もない、政治もない、シンプルに「できる人により大きな責任を」という考え方が徹底されていました。

図0-1
大企業に求められるマネジメント、ベンチャーに求められるマネジメント

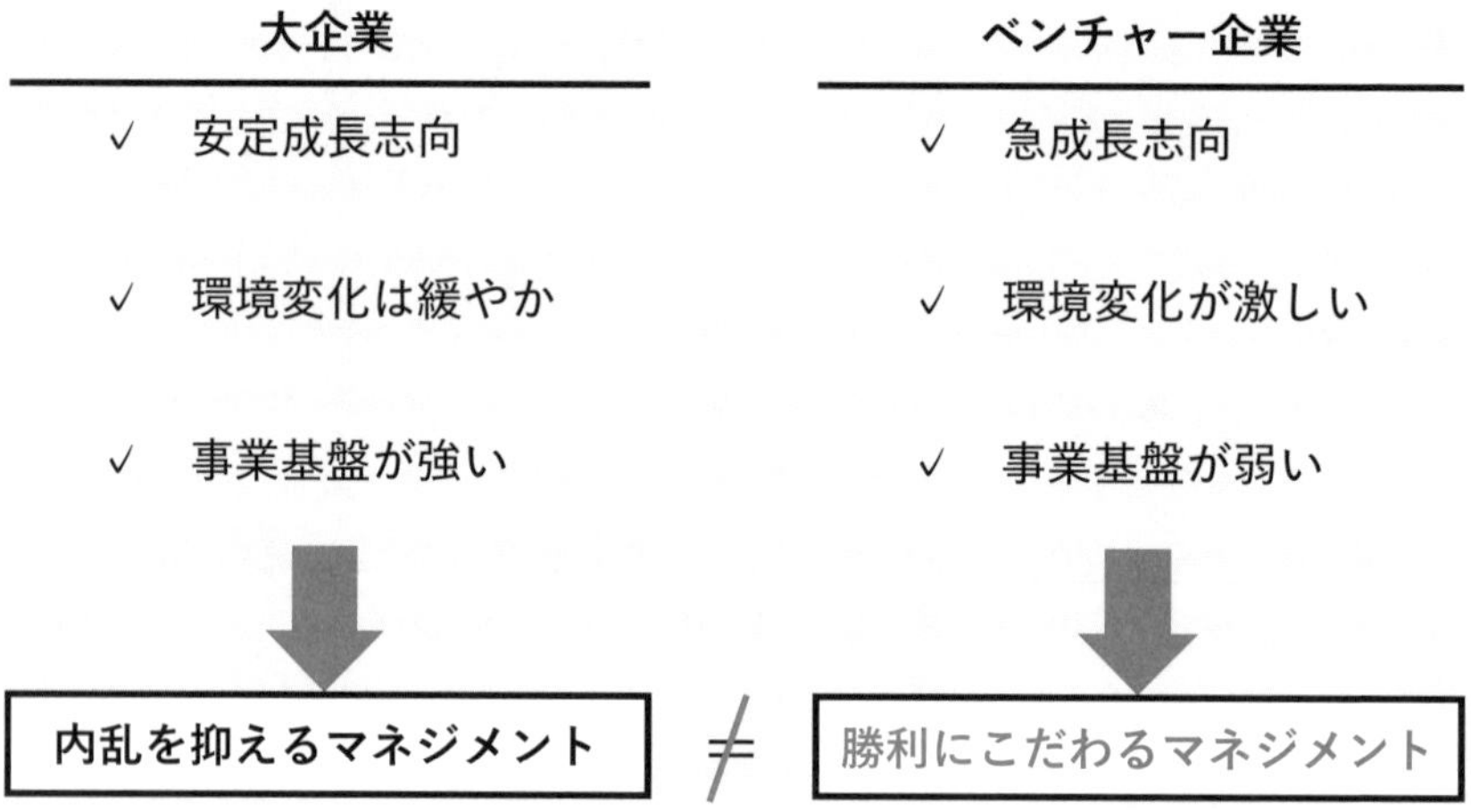
大企業
✓ 安定成長志向
✓ 環境変化は緩やか
✓ 事業基盤が強い
内乱を抑えるマネジメント
≠
ベンチャー企業
✓ 急成長志向
✓ 環境変化が激しい
✓ 事業基盤が弱い
勝利にこだわるマネジメント

「なぜ、こうもゼクシィの時と景色が違うのだろう?」と考えました。そこで、ある答えに行きつきます。

ベンチャー企業というのは、「弱い」会社です。環境変化も激しくて、競合もあちらこちらにいて、まだ盤石な事業基盤を築けていない会社です。そんな「弱い」会社が、何のロジックもなく、ものすごく野心的なビジョンや目標を掲げるわけです。それはもう、年齢が上だ下だの素行が良い悪いだの言ってられません。実力のある人に責任を付与し、その人が事業を引っ張らないと、そんな目標は到底達成できません。周囲の批判をもろともせず、「勝利の1点」にこだわるマネージャーが必要です。

一方、私がいたゼクシィは、ユーザーへの圧倒的な認知度を誇り、クライアン

トの広告宣伝費の大半をお預かりする、圧倒的なマーケットシェアNO.1事業です。敵は外ではなく、中にあります。つまり、備えるべきは「外敵」ではなく「内乱」です。私のような尖った人間よりも、「和を以て貴しとなす」マネージャーのほうが必要です。決してくだらない会社なのではなく、置かれている状況が違うだけなのだということに気づきます。

「同じ『マネージャー』でも、その役割は大企業とベンチャーで全然違うのか……」

そのことに気づいた私は、リクルートという素晴らしい会社を浅はかな判断をして辞めたことを少し後悔すると同時に、環境変化や外敵と戦いながら弱い会社を強くする「ベンチャー企業のマネージャー」という仕事にますます憧れを抱くようになります。

マネジメントは「専門職」だ

DeNAでは、広告営業マネージャー、広告事業部長、子会社取締役、採用マネージャー、経営企画マネージャーなど、8年間でさまざまな職種・規模のマネジメントを担当しました。プレイヤーとしての経験がない部門のマネージャーを担当することもよくありました。

DeNAでの8年間を振り返った時に、マネージャーとして成果を残してきた自負はあった反面、自分が何に専門性のある人なのかわからなくなり、キャリアに悩みました。営業、事業開発、マーケティング、人事、経営企画……たくさんの職種を経験しましたが、どれも「専門か？」と言われると中途半端で、いずれもその道のトッププレイヤーに比べれば足元にも及びません。これからのキャリアを、人生を考えた時に、「自分がほかの人に秀でて勝てる分野がないと、大したビジネスマンにはなれないのではないか」と危機感を覚えるようになります。ですが、自分には何ができるのか、何度考えても出てきません。

「マネジメントしかしてこなかったからな……」

「そうか、それだ！」と思いました。自分の専門分野は「マネジメント」だ、しかも「ベンチャーにおけるマネジメント」だ。自分のこの専門性を求めてくれる場所で仕事をし続けよう——そう思うようになります。

マネジメントの力で実現したベンチャー企業の再生

「自分の力を一番求めてくれるところはどこだろう？　マネジメントの力さえあれば成功できる事業や会社はあるだろうか？」

そう考えて探していたところ、縁あって、株式会社ハウテレビジョンに出会います。素晴らしいビジョンとサービスはあるが、組織を作る、仕組みを作るなどマネジメントの力が大きく欠けていたことで、人が辞め続け、活気もなく、事業のKPIも下降を始めた、「もったいない」会社でした。私は同社の取締役に就任し、COOとして事業・組織の統括を担当することになります。

創業者が掲げるN年後の壮大なビジョンを、3年程度のスパンでの具体的な目標・方針に落とし込み、KPIを定め、KPIを達成するために組織構成を変え、キーマンを採用し、有効な会議体やツールを設計し、会社を勢いづけるよう些細な成果も社内にプレゼンし、「これは」と思う人物は経験や年齢に関わらず大胆に評価して、大きな責任を任せる……というDeNAで学んだマネジメントをそのまま実行しました。いつしか退職は止まり、事業KPIは向上し、チームは活気づき、業績は急上昇しました。

下降の一途をたどろうとしていた会社は、たった2年で東証マザーズに上場を果たします。

マネジメントは経験でもセンスでもない

ハウテレビジョンでの経験を通じ、「マネジメントは専門職だ」という考えがますます強くなります。やるべきことをやれば、成果は必ず出る。

よくマネジメント力を上げるには「経験を重ねるしかないね」、場合によっては「センスだね」と言う方がいますが、そんなふうに片づけていいのでしょうか？　「マネジメント」がベンチャーにおいて大して重要ではないのであれば、そのように片づけてもいいでしょうが、マネジメントはベンチ

図0-2
マネジメントの地図

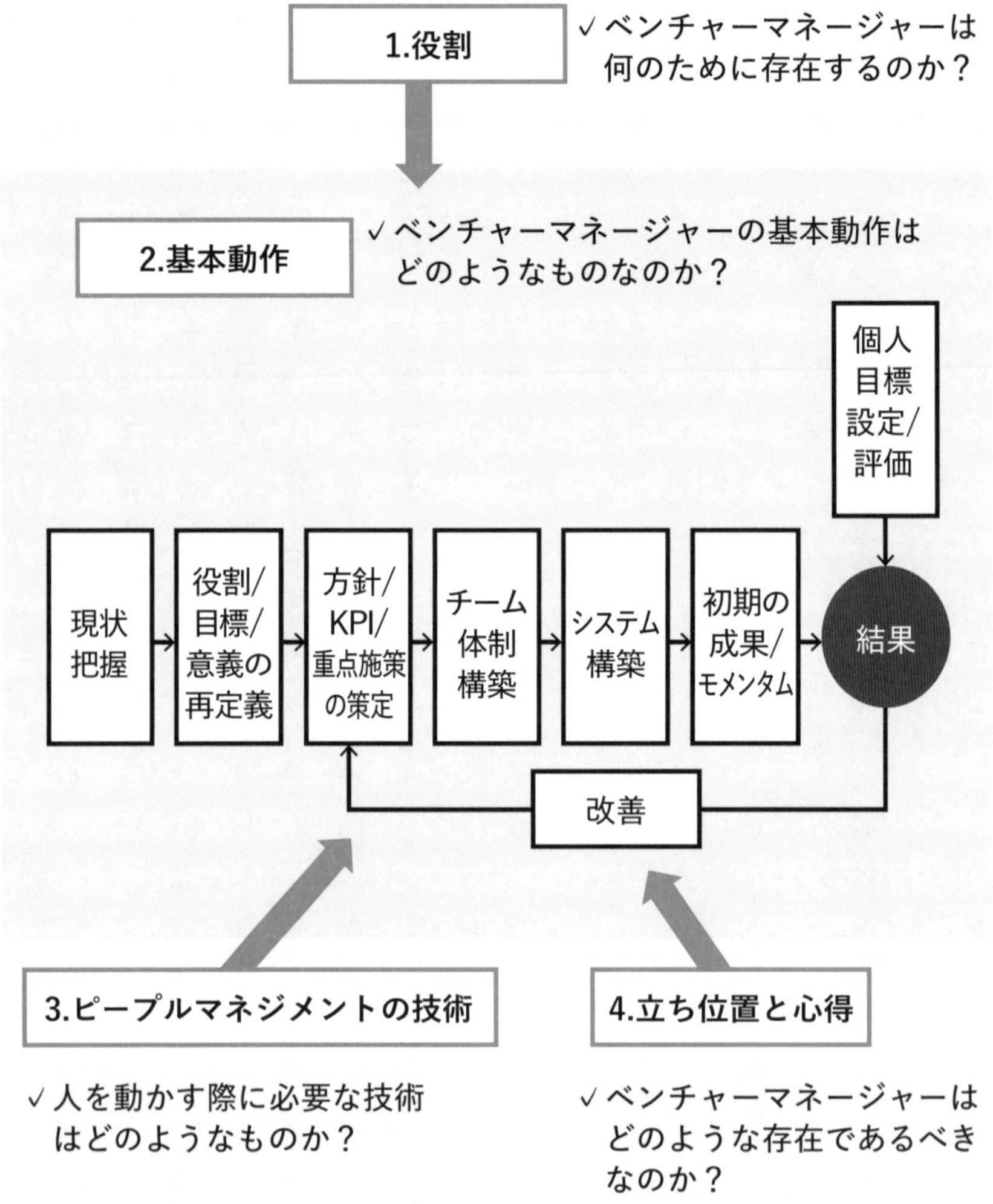

ャーにおいて最も重要なことの1つであるはずです。マネジメントの力があれば救われるベンチャープロジェクトは、いくらでもあります。

業務の範囲も定義も曖昧な「マネジメント」について、しかも事業基盤の強い大企業ではなく事業基盤が弱い「ベンチャーにおけるマネジメント」という分野に絞り込めば、それは再現性のある業務マニュアルとして型化できるのではないか。そう考え、ノウハウの体系化を試みることにしました。自分の経験の棚卸しを始め、同時にたくさんのベンチャー企業やマネージャーを調査・観察しました。それを元に作ったのが、「マネジメントの地図」です。この地図が頭に入っていて、かつこれを使いこなすことができれば、どんな新米マネージャーでも必ず成果は出ます。

大事なのは「マネジメントの地図」と「それを使いこなす力」

よく「メンバーのモチベーションが全体的に低いので1on1研修をやってほしい」とお願いされることがありますが、お断りするようにしています。なぜか？

「モチベーションが低い理由が1on1のやり方にあると、なぜ言えますか？」

それに尽きます。

全体像を見渡すと、モチベーションが低い理由として考えられることがいくつか思い浮かびます。

①チームの役割・目標・意義が定まっていないので、やりがいがなく、モチベーションが低い
②チームの方針・アクションが定まっておらず、何もすることがなく暇なので、モチベーションが低い
③アサインメントが自分の能力や意思を活かせるものになっていないので、モチベーションが低い
④チームにモメンタム（勢い）がないので、雰囲気が暗く、モチベーションが低い
⑤評価プロセスにおいて、評価に納得できず、モチベーションが低い
⑥マネージャーが自分の仕事を見てくれていないので、モチベーションが低い
⑦マネージャーが適切なコミュニケーション支援（ティーチング、コーチング、フィードバック）をしてくれないので、モチベーションが低い
⑧マネージャーの人間性に共感できないので、モチベーションが低い

8つほど考えられます。8つのうちの1つ（⑦1on1・適切なコミュニケーション支援）を原因と決めつけ、そこを強化したところで、その会社が良くなるわけではありません。「そんなことにベンチャー企業の貴重な資金を使ってほしくない」というのが、お断りする理由です。

大事なのは、何かが起こった時に「何が要因として考えられるか」と要因を探せる「地図」を頭に入れておくことです。その地図から、今何をすべきなのかを探し、それを実行するのです。

マネージャーに必要なのは、経験でもセンスでもなく、「地図」と「地図を使いこなせる力」です。

図0-3
モチベーションが低い理由はどこにあるか

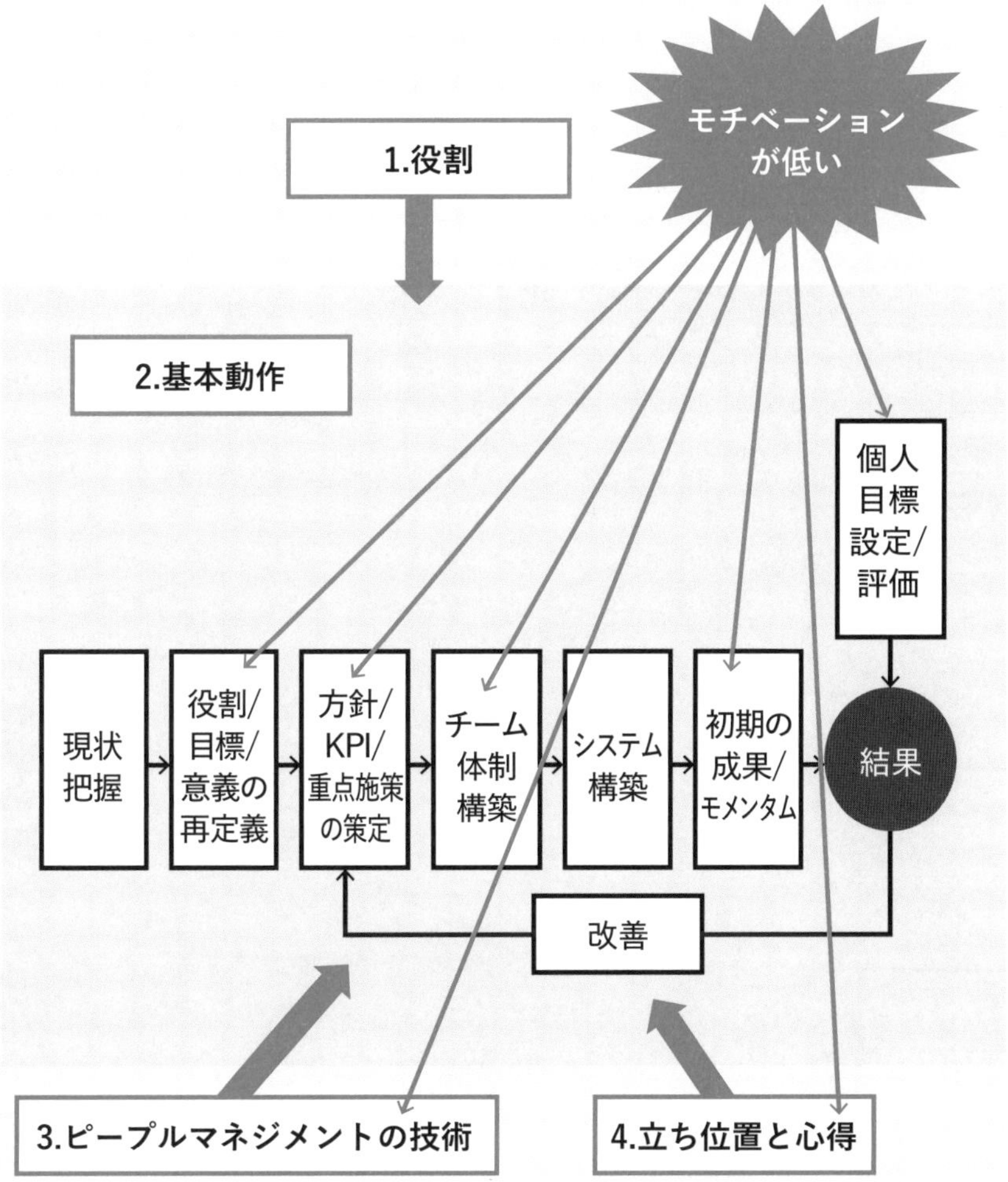

以降、マネジメントの地図1つ1つについて、それらはどういうものでどのように使いこなせばいいのか、順を追ってご説明できればと思います。

第1章

マネージャーの役割を認識する

1 マネージャーの4つの役割

マネージャーには４つの役割があります。この役割認識を外したまま努力をしても、残念ながら急成長を導くマネージャーには成れません。まずはこの役割を正しく捉えるところからマネージャーの型は始まります。

- 「経営」からオーダーされた成果を残す
- 人的資産を維持・活用する
- 人を育てる
- 会社の中でチームを機能させる

この４つの役割を、会社の状況に応じて適切に果たすことが、マネージャーの役割です。単に「チームに与えられた目標を達成すればいい」「メンバーを管理すればいい」という軽い役割ではありません。急成長を「主導」するマネージャーは、非常に重い役割を担うことになります。

以下、順を追って見ていきます。

①「経営」からオーダーされた成果を残す

たとえば大企業の課長であれば、社長や役員と直接話す機会がないどころか、生で直接その姿を見たこともないということも多いのではないでしょうか。

私がDeNAでマネージャーになって一番驚いたのは、「社長や役員と話すことなど日常茶飯事」であることです。自分の直属の上司が社長や役員なのです。

自分のチームのことだけ考えていても、彼らとまともに会話などできません。「自分が担当役員なら」「自分が社長なら」と常に考えておかなければ、彼（女）らのオーダーを理解するどころか、会話することすらままなりません。このプレッシャーは相当なものでした。

ここに、ベンチャーのマネージャーと一般的なマネージャーの違いがあります。ベンチャーのマネージャーは「経営陣と直接会話する」のです。経営陣が何を求めているのかを理解し、それをチームの目標に落とし込み、「経営陣が求めている」成果を残すことが求められます。

②人的資産を維持・活用する

ベンチャーの事業展開は非常に速いです。急成長を志向しているがゆえに、新しい社員も次々と入社します。最近は、社員という雇用形態だけではなく、個人事業主の方や副業の方など、社員と比較

図1-1
ベンチャーではマネージャーの直属の上司が社長や役員

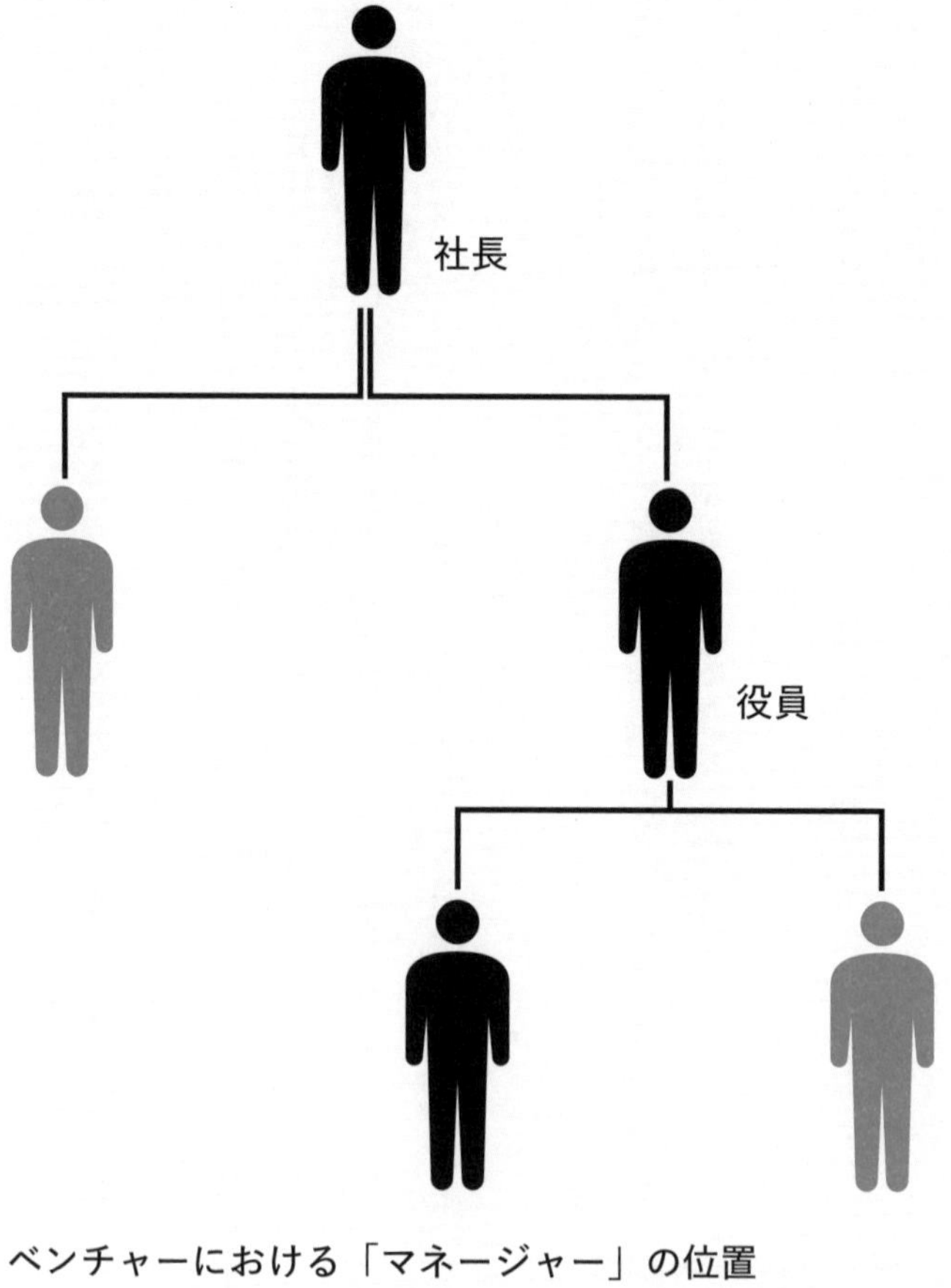

すると気軽にチームにジョインしていただける方も増えています。

マネージャーは、チームに達成に必要だろうということでこのような「人的資産」を会社から預かるのですが、目まぐるしく変わる展開、どんどん増える人を前に、その人たちの活用について考えることを怠れば、たちまち「遊休資産」が増えます。しかし、1人で成し遂げられることなどたかが知れているので、激しく変わる展開の中でも、この人的資産をフル活用して卓越した成果を残さなければなりません。

にも関わらず、「考えるのが面倒だ」「自分でやったほうが早い」「1人でやるほうがスムーズ」などと考え、人的資産を活用しなければどうなるでしょうか？　大した成果が残らないことに加え、メンバーのみなさんは「やることがなく暇だ」「信頼されている感じがしない」と考え、辞めていきます。

仮に人的資産が不要なら、会社に返してください。ベンチャーには無駄にお金を使っている余裕などないですし、ほかに人が足りなくて困っているチームはいくらでもあります。人的資産を会社に返上し、会社のコストを下げる、ほかのチームに充てがう、などのアクションを起こす必要があります。

加えて、もし「自分でやったほうが早い」「1人でやるほうがスムーズ」などと考えているのであれば、突き抜けた成果は残せないでしょう。ベンチャーのマネージャーとしては失格です。ベンチャーのマネージャーは非常に速いスピードで移りゆく展開の中でも、人的資産の有効活用について常に考え、人的資産をフル活用している状態を保たなければなりません。

人的資産を活用しきれないと考え、

「人を活用すれば成長するのですが、今は考える暇はないので、増員はストップで」

という対応も悪くはありませんが、理想的ではありません。

「人を活用すれば成長しますし、私には人を活用する技術があるので、どんどん増員をお願いします」

と言えるマネージャーが理想です。

③人を育てる

ベンチャーにとって、現状維持は死を意味します。市場環境、競合環境、自社の状況など、会社を取り巻くさまざまなことが変化していく中で、現状維持をしようと試みたところで無理です。新しいことを仕掛けてやっと、現状維持でしょう。

新しいことをどんどん仕掛けるならば、新しいことを任せられる人財が必要です。その都度採用に頼っていては採用費もバカにならないですし、採用できるまでのリードタイム、さらに採用した人が新しい環境になじみ業務に慣れ活躍するまでの期間、何も手を打てないのであれば、いずれ会社は滅びます。マネージャーの後任人財、あるいは新しいことに異動させて任せられる人財を自分のチームで育てておかなくてはなりません。

この「人を育てる」というのは、マネージャーにしかできません。経営陣や人事は、資金や仕組みの面で人を育てるサポートはできるかもしれませんが、実際に育成の実務を担うのはそのメンバーと一緒に仕事をするマネージャーです。

すべてのマネージャーが育成をおこなえる会社は、常に難しいことにチャレンジできる人財に溢れているので、何か新しいことを仕掛ける時にはすぐに人財を用意でき、競合よりも速く実行できるのです。

「人を育成する余裕などありません」

そんなご意見もあると思います。育成はすべての人におこなうものではありません。冷たいように聞こえるかもしれませんが、ベンチャーのリソースは限られています。

そして、育成は投資です。直接お金がかかっていないように見えて、マネージャーの時間という非常に大事な時間、高いコストを負担して育成はおこなわれます。

育成も投資。ならば、リターンを見極めて、戦略的におこなうべきです。全員に同様の育成投資をおこなうのではなく、これはと思う人財にフォーカスしておこないます。

このように、限られたリソースの中でも、必要な育成を常々おこなっておくことで、どんどん新しいチャレンジを実現できる会社になります。そして、その育成の実務を担えるのは、マネージャーしかいないのです。

④会社の中でチームを機能させる

はじめは少人数でスタートしたベンチャーも、人が増えてくると機能分化が進み、たくさんのチームが乱立するようになります。そのような状況下では、自分のチームのことだけ考えるのではなく、ほかのチームとどう連携するのかについて考えなければなりません。

「ベンチャーなのに、何でこんなに調整が多いんですか？」

そう仰る人がよくいますが、ベンチャーであることと調整が多いことは関係ありません。野心的な高い目標を掲げて日々チャレンジしている限り、どれだけ規模が大きくなろうとも「ベンチャー」です。そして、規模が大きくなれば機能分化が進み、機能間の調整が発生するのは、ベンチャーであろうがなかろうが、組織の論理構造として起こります。

「会社が、上司が、チーム間の調整とかしてくれないんですか」

そのような声もよく聞きますが、残念ながらそんなことは期待できません。常に高い目標を追う中では、経営陣ですら資金調達、プロダクトの磨き込み、トップセールスなどをおこなう「プレイングマネージャー」です。人事や経営管理部などのコーポレートチームも、高い目標や目まぐるしく変わる環境の中で日々業務に追われ、チーム間のルール設計などに手は回りません。

さらに、チーム間のルールを仮に経営陣やコーポレートチームが設計したとしても、変化の激しい環境ではチーム編成そのものがすぐに変わります。チーム編成がすぐ変わるのに、経営陣やコーポレートなどの「非当事者」がわざわざ現場の状況を把握して、ルールを設計して、それを周知して管理して……など、非効率極まりないでしょう。

ですので、ベンチャーでは「マネージャー同士で」チーム間の連携ルールはクイックに決めてしまいます。中央集権的な部門が主導するのではなく、現場主導でおこないます。よって、マネージャーの役割に「会社の中でチームを機能させる」調整業務が入るのです。

4つの役割は並列で重要

「経営からオーダーされた成果を残す」「人的資産を維持・活用する」「人を育てる」「会社の中でチームを機能させる」というのは、4つとも並列で重要です。

「成果を残すための手段として、ほかの3つがあるんですよね」

というご質問をよく受けますが、それは違います。極端な例を想像するとわかりやすいですね。

「上半期は成果は残しましたが、メンバーはだれも活用してないですし、後任も育ててないですし、ほかのチームとの連携は面倒なのでやってません」

このようなマネージャーがいたとしたらどうでしょうか？　そのマネージャーは、非常に視野の狭いマネージャーと言わざるをえません。

図のように、たしかに「短期的な・自部門の成果」については残しているかもしれません。しかし、短期的にも他部門や会社全体の成果は下げていますし、中長期的には何の成果も残せそうにありません。これで「役割を果たした」とは言えません。会社全体の短期的・中長期的な成果に資するためにも、４つの役割はすべて果たせなければなりません。

図1-2

「短期的な・自部門の成果」だけでは視野が狭い

「短期的」な「自部門の成果だけ」にこだわっていては、
「中長期的」な「全社成果」に資するマネージャーにはなれない

項目	注力度
成果	○
活用	×
育成	×
調整	×

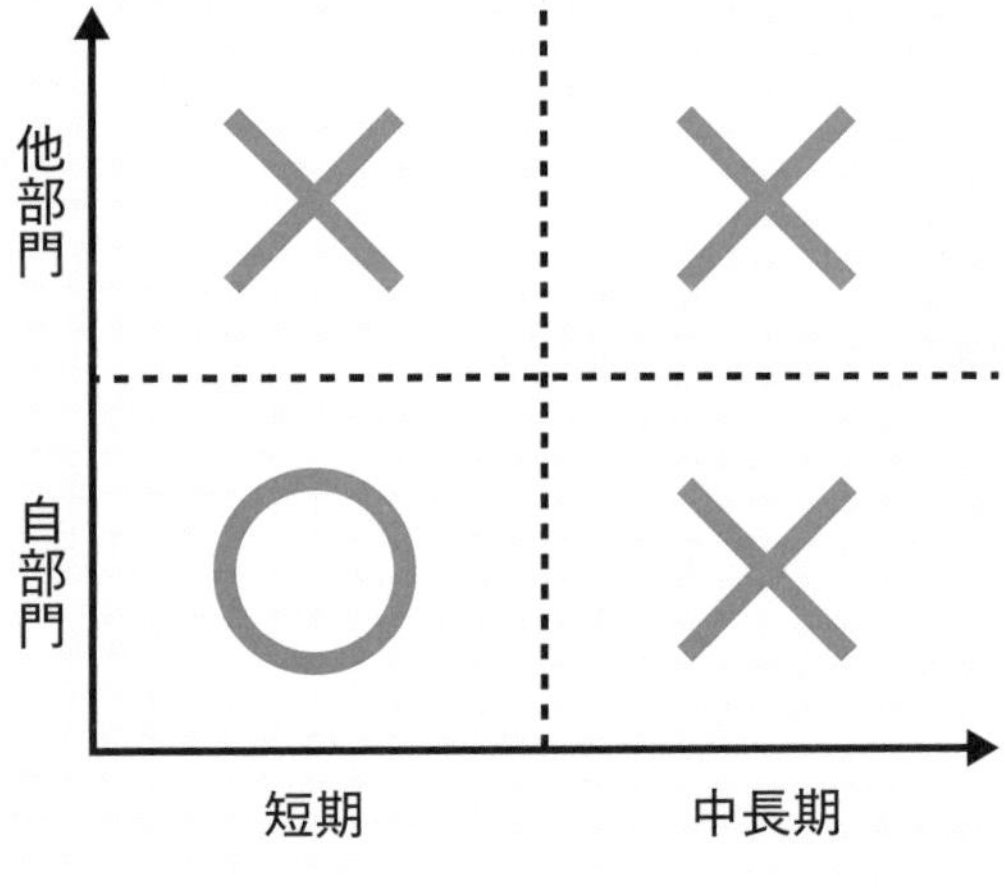

2 組織のステージごとにマネージャーの役割は変わる

ステージごとに異なる比重

一方、会社にもステージがあります。シードステージ（創業間もない頃）であれば、創業者のみで会社を運営しているわけなので、「成果」は非常に重要ですが、活用する人的資産はまだないですし、育てる人もおらず、調整するチームもありません。成果の比重がほぼ100％と言える状態です。私が創業し経営するＥＶｅＭは、今まさにこの状態です。

一方、私の前職のハウテレビジョンは、入社したときは上場前、ミドル～レイターに当たります。「成果」は重要ですが、それに加え、毎月どんどん人が入社してくるので、人的資産の維持・活用が非常に重要なテーマになります。さらに、それほど大胆に投資できるフェーズではないものの新しい分野へのチャレンジも少しずつ増えてきたことから、将来の会社を担うであろう一部の人財には「育成」も力を入れます。会社の人数規模は社員で30名程度でしたので、そこまで調整業務が多く発生するわけではありませんが、徐々に発生してくるタイミングです。成果が最重要、人的資産の維持・活用が

図1-3
会社のステージによって4つの役割の比重は変わる

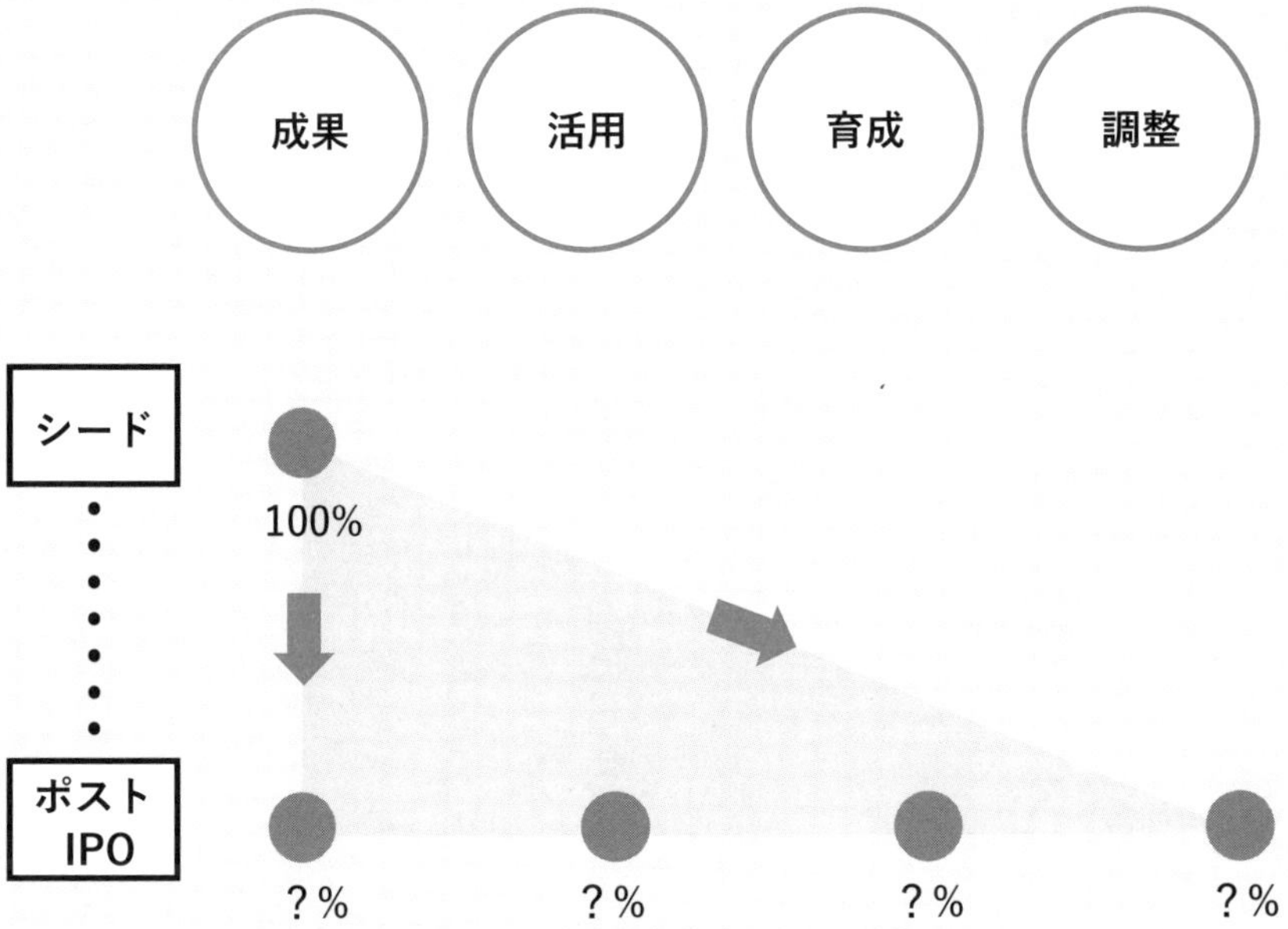

次に重要、育成と調整の重要度も少しずつ増してきた、という感じでしょうか。

ハウテレビジョンの前に勤めたＤｅＮＡは「メガベンチャー」です。成果はもちろん重要ですが、人的資産の維持・活用も当然重要で、自分のチームで活用しきれないなら他部門への異動を人事に相談することなども求められます。また、投資余力も高く、どんどん新しい分野へ進出するため、常に自分の後任や他部門に輩出できる人財を育てておく必要があります。さらに、国内だけで１０００人以上の社員がおり、非常に多くのチームが乱立し、かつ組織もどんどん変わります。常に調整について意識し、実行しておく必要があります。このフェーズになると、４つの役割がどれも並列で重要になってきます。

あなたの会社・組織においてマネージャーに求められる役割は、この４つの役割それぞれどのような比重でしょうか?

どんな状況でも活躍できるマネージャーの条件

同じマネージャーであっても、「シード期のスタートアップでは活躍できるが、メガベンチャーでは活躍できない」あるいはその逆で「メガベンチャーでは評判だったが、スタートアップでは活躍できない」ということがよく起こります。それは、その組織ごとに４つの役割の比重が異なることを認識していないからです。

成果だけが求められたシード期のマネージャーが、メガベンチャーでそのまま１人で短期的な成果だけ残そうとするようだと、すぐに外されるでしょう。逆に、まだ活用対象も育成対象も調整対象もないシード期のスタートアップで、活用だ、育成だ、調整だと声高に訴えたところで、そのようなマネージャーは「ズレてる」と認識され、外されるでしょう。

今自分の会社はどのステージで、４つの役割はどのような比重で求められるのかを認識し、その会社におけるマネージャーの役割定義を自分なりにおこなってから業務に臨める人は、どんなベンチャーでも活躍できるマネージャーになれるでしょう。

ベンチャーではすべて「自分起点」で決めていく

先ほども述べたように、ベンチャーは経営者ですら「プレイングマネージャー」です。マネジメント「だけ」おこなっている人など1人もいません。４つの役割それぞれでどのようなことを求められているのか、その比重はそれぞれどのくらいなのかについて、だれかが決めてくれるわけではありません。また、激しく状況が変わるため、４つの役割の内容や比重もコロコロ変わります。

マネジメント専業者がいない環境で、状況もコロコロ変わる中で

「あなたの役割はこれですよ」

なんて決めて教えてくれる人などいません。すべては自分で考えるのです。

そして、自分なりに状況を考え、定義した役割を言葉にまとめて「こういう認識ですがまちがいないでしょうか」と自分から経営陣にぶつけます。

「どうすればいいでしょうか」

と聞いたところで、プレイングマネージャーである経営陣から答えは返ってきません。答えが返ってこないことを嘆いて

「何も決めてくれない」

と言ったところで、経営陣は経営陣で弱い会社をなんとか明日も続けられるようにすることで頭がいっぱいです。

「何も決めてくれないので、自分なりに正しいかなと思う方向で動きました」

というのもイマイチです。自分なりに正しいと思うことを経営陣にぶつけない限り、経営陣とズレる可能性があります。

「いい加減にしてください。何も決めてくれないので自分で動いたら、それがズレてると言われ、低評価なんておかしいです！」

そんな人の気持ち、わからなくもないですが、ズレた役割認識でどれだけがんばっても評価が低いのはあたりまえです。経営陣はマネージャーに求めることについて、ゼロから考えて言葉にして下ろす時間がないだけで、マネージャーにお願いしたい役割についてのイメージは頭にあります。経営陣に漠然と聞くのではなく、また自分だけで考えるのではなく、自分で考えて、それを「ぶつける」のです。考えをまとめたうえでぶつけると、経営陣もあらかじめマネージャーが考えたものを土台に考えられるので、自分でゼロから考えるよりだいぶ楽です。

「経営陣の頭の中にあるイメージをクイックに引き出し、役割の認識をそろえて動く」

それが、真に経営に資するマネージャーです。

第2章

正確で素早い現状把握でロケットスタート

1 変化の激しい環境では現状把握力が求められる

現状把握力の向上はプロベンチャー経営者への道

ベンチャーを取り巻く環境の変化は非常に激しく、それに応じて事業内容、目標、組織、メンバーなどあらゆるものがコロコロ変わり続けます。そのような環境下で成果の出せるマネージャーの条件とはどのようなものでしょうか。それは、「素早く、正しく、現状把握をおこなえること」です。

会社の変化に伴い、マネージャーが会社の中で求められる役割も頻繁に変わります。いつ、どのような役割を任されたとしても成果を出し続けるためには、任されたチームの現状を素早く、正しく把握することが求められます。このスキルがなければ、現状把握しているうちにタイムオーバーになり、経営からのオーダーには答えられないでしょう。マネージャーは務まりません。

現状把握力が高ければ、会社の変化に合わせて非常に多種のチームのマネージャーを経験することができます。私自身も、営業、事業開発、人事、経営企画、編集、マーケティング、新規事業……さまざまな種類のチームのマネージャーを経験できました。この経験は、まさにマネージャーとしての専門性を磨くための絶好のプロセスでしたし、経営者への道でした。現状把握のスキルは、変化の激しい環境の中で、常に会社を伸ばすことにコミットし続けるマネージャーの重要な第一歩となります。

森を見てから、木を見に行く

はじめてマネージャーになった時のこと。ある上司に言われました。

上司「もう現状はキャッチアップした？」
長村「いえいえ、まだまだです。こんなにたくさんの業務をキャッチアップするには、かなり時間がかかりそうです」
上司「おせーよ」
長村「と言われましても……」
上司「あのな、現状はペンキを塗るように、まずはサーッとひととおり薄く全体を把握するんだよ。その後、何回もその薄いペンキ塗りを重ねていくんだ」

目から鱗でした。
概要を把握した時点で、自分なりの仮説を作ります。
「このチームでは、こんな業務がおこなわれるべきではないのか？」

「このチームは、こんな体制にすべきではないのか？」
「このチームでは、こんな管理がなされるべきではないのか？」

そして、自分なりの仮説をもって詳細を把握しにかかることで、詳細把握の速度が急激に高まります。「森を見てから木を見に行く」という進め方です。

概要から詳細へ向かうように、図に記載している①～⑩の順番で現状を把握していきます。⑩から始めるのは一番やってはいけないことです。「木を見て森を見ず」の状態になり、現状把握も一向に終わらないし、打ち手も一向に打てません。

この①～⑩は現状把握のチェックリストとして、順番とともにぜひご活用ください。次節では、この現状把握のプロセスにおいて重要なポイントを解説します。

図2-1
現状把握のチェックリスト

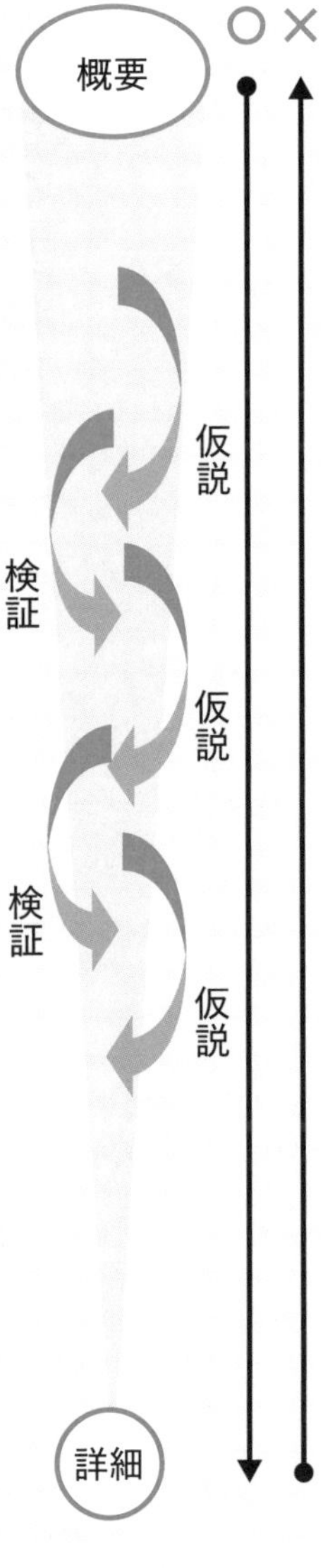

把握項目と順番	内容
①チームの役割・目標	会社におけるチームの役割は何か？ チームの目標はどのようなものか？
②チームの貢献モデル	そのチームはだれの何に貢献しているのか？
③チームの業務概要	そのチームではどのような業務がおこなわれているのか？
④チームの業務関連知識	チームの業務に関連した知識（書籍・記事・ニュース·SNSなど）
⑤チームの体制	そのチームはどのような体制になっているのか？
⑥上司の考え・スタイル	上司はどのような方針で、どのようなニーズがあり、どのような仕事のスタイルを求めるのか？
⑦管理シート・会議体	チームではどのようなダッシュボード、管理シート、会議体が運用されているのか？
⑧業務詳細把握	1人1人はどのような業務をおこなっているのか？ その業務の詳細はどのようなものなのか？
⑨戦力把握	メンバー1人1人はどのような力の持ち主なのか？
⑩実務現場	実際の現場ではどのようなことがおこなわれているのか？

2 現状把握の具体的手法

一次情報を押さえる

ハウテレビジョンに取締役として入社することになったことを、ある経営者のAさんに報告しました。Aさんは、ベンチャー企業に役員として入られてはその会社の業績を伸ばす、ということを複数回おこなわれている、プロベンチャー経営者です。

長村「取締役として入社することになりました」
Aさん「いきなり経営者だね。現状把握からしっかりしないとね」
長村「はい。ですがコンサルとして半年ほど、同社には関与しているので、概ね把握しています」
Aさん「それだとまだ不十分だね。一次情報で把握しないと、メンバーに話を聞いてもらえないよ。一次情報を元にした方針や指示だから、人は動くんだよね」

一次情報というのは、たとえば図のようなものです。

図2-2
一次情報と二次情報

一次情報

■自分で生の数値データを見た

■顧客何社かを自分で直接訪れ聞いた

■ユーザーインタビューに同席してユーザーに直接聞いた

■パートナーと直接挨拶をして状態を確認した

■自分で会議に出て聞いた

■メンバーと直接1on1をしてその人となりを把握した

二次情報

■数値は〇〇な傾向だと聞いた

■顧客は〇〇と言っていると聞いた

■ユーザーは〇〇と言っていると聞いた

■このパートナーとの関係性は〇〇という状態と聞いた

■この会議では〇〇なことがおこなわれていると聞いた

■このメンバーは〇〇な人だと聞いた

実際にユーザーの声を聞いたことがない上司から、「ユーザーはこういう気持ちなんだからこういうプロモーションを打て」と言われたらあなたはどう思いますか？　おそらく2つ、問題があります。

①一次情報に触れていない示唆は、机上の空論であり、成果につながらない
②一次情報に触れていない人からの指示を、メンバーは聞く気にならない

コンサルであれば、過去の経験や二次情報を元にしたアドバイスでいいと思います。それは、あくまで外部から客観的にチームを見た際の参考情報であり、知恵です。それがそのままチームを動かすものにはなりません。

一方、マネージャーはコンサルではありません。チームを動かし、成果を出さなければなりません。一次情報に触れることで、成果につながる独自の示唆を見出し、それを元にメンバーと会話し、チームを動かし、成果を出します。

もちろん、メンバーと同量の一次情報に触れる必要はありません。それをやってしまっては、いくつ手があっても足りません。ですが、一次情報に触れたことがあるのとないのとでは、示唆の質という意味でも、メンバーの納得度という意味でも、雲泥の差が出ます。

一次情報がない中で出した方針や指示は、「●●さんはユーザーに聞いたことありませんよね？」「ユーザーさんはこう言ってました」と言われ、一蹴されます。

現状把握では、可能な限り一次情報に触れることを心がけましょう。

役割と目標を言語化し、すり合わせる

チームが存在する理由は、会社の中で担うべき「役割」があり、達成すべき「目標」があるからです。この2つがあるから、そこに今、チームがあります。

あたりまえのことだと思うかもしれませんが、意外に言語化できない人も多いのではないでしょうか？　改めて、言葉にしてみてください。

その言葉、上司と共通認識になっていますか？

共通認識になっていなければ、あなたのがんばりが会社のためにはなっていない可能性があります。

ある開発マネージャーの認識

【役割】プロデューサーから要求された開発タスクをこなす

【目標】納期どおりに開発をおこなうこと

上司の認識

【役割】プロデューサーとともに最適な開発タスクを設計し開発する

【目標】サービスＫＰＩの達成

どうでしょうか。全然違いますね。これでは、開発マネージャーがいくらがんばっても評価されることはないし、会社の成長にも寄与しきれないでしょう。
このような齟齬がないように、役割と目標を言葉にして、上司と認識をすり合わせてみましょう。

貢献モデルを把握する

採用のマネージャーになったときの話です。それまでは事業のマネージャーだったので、数字の達成をひたすら追いかける日々でした。数字の達成を追いかけていればなんとかなっていたこともあり、採用のマネージャーになった後も、しばらくは深く考えず、とにかく採用数の目標を達成するためにひたすらがんばっていました。

上司「長村のチームって、何をやる部署なの?」
長村「採用をやる部署です」
上司「目標は?」
長村「採用目標の達成です」
上司「なるほど。ところでさ、採用って何のためにやるの?」
長村「ん?　……いや、人を増やすために決まってるじゃないですか」
上司「なんで人を増やすの?」

長村「なんでか……組織を大きくするためです」
上司「なんで組織を大きくするの？」
長村「……ああ、事業を大きくするためです」
上司「長村って、だれのために目標を追ってるの？　目の前の貢献すべき人はだれ？」
長村「……ああ、事業部長さんですね」

この会話で、意識が一気に変わりました。それまでは事業部から「降りてきた」採用要件と採用数目標を達成することだけを考えていましたが、この会話を経て、私は「採用を通じて事業部の成功に貢献すべきなんだ」と気づきました。それに気づいたあとは、次のように明確にチームの動きを変えました。

- 採用チャネル別に担当者を付けていたチーム体制を改め、事業部別に担当者を付ける体制にした
- 事業部がどんな仕事をしているかを、事業部担当が徹底的に学ぶようにした
- 採用の要件を事業部とともに考え、事業が成功するための要件を設定した
- 採用した人が事業部にフィットするよう、入社後しばらくはケアするようにした

このように、「だれに何を貢献しているのか」を認識すれば、筋のいい打ち手がどんどん生まれます。

上司のスタイルを把握する

あるマネージャーさんから相談を受けた時の話です。

マネージャー「上司のAさんが、全然僕に任せてくれないのです」
長村「具体的にはどのような状態ですか?」
マネージャー「細かく報告は求めるし、リリース前にはいちいちチェックされます。リリース後の反応も、逐一報告を求めてきます」
長村「なぜ任せてもらえないのですか?」
マネージャー「なんでも管理したがる性格なんでしょうね。小さい人です。全然人を信用しようとしない……」
長村「あなたはこれからどうするのですか?」
マネージャー「それを長村さんに相談したいんですよ。上司に注意してください。あの人はマネージャーとしては二流です」
長村「ちなみに、上司から期待されてる成果はどのようなものでしょうか?」
マネージャー「成果……?　今その話は関係ありますか?」

あなたはこの話を聞いてどう思いましたか？　よくある相談ごとです。マネージャーになったら、いきなりすべてを任せてもらえる時ばかりではありません。特にベンチャーは、勝つか負けるかの戦いを常におこなっている、極めて流動的な組織です。マネージャーと上司の線引きが会社の規定で決まっているわけでもなく、仮に決まっていたとしてもそれを守ることで会社が負けるなら元も子もないので、勝つために状況次第では上司もあらゆる手段を選びます。

上司があなたを信頼して任せようと思うトリガーは、「あなたの成果」です。成果が出る人に上司は任せようと思います。はじめは上司のスタイルに合わせて、上司に細かく管理されながらも、粘り強く初期の成果を出す必要があります。

前述の例のマネージャーさんのように上司のスタイルを嘆いたところで、何も改善はしません。上司と対立している間に、成果を残せずタイムオーバーとなり、マネージャーを外されることでしょう。ましてや、求められる成果も把握していないようでは、だれが上司であったとしても任せてもらえる日は来ないでしょう。

自分のスタイルでどんどん進めていくためには、まずは上司のスタイルに合わせ、その中で初期の成果を残す必要があります。マネージャーになったら、はじめのフォーカスは「上司のスタイルを嘆く」ことではなく、「上司のスタイルに合わせながら初期の成果を残す」ことです。

上司のスタイルには、図のようなものがあります。はじめは上司のスタイルに合わせながら成果を残すことが求められます。上司は「私のスタイルはこうだから」という「自分の取扱説明書」は提示してくれません。自分で積極的に上司のスタイルを把握してください。

図2-3
把握すべき上司のスタイル

把握すべき “上司の考え”項目	内容
役割・目標に関する考え	チームの役割・目標をどのようなものだと考えているのか?
課題の認識	チームの役割・目標を果たすにあたりどのようなことが重要な課題だと考えているのか?
達成方法に関する考え	チームの役割・目標をどのように達成すべきだと考えているのか?
チームへの関与方法に関する考え	ハンズオン?任せる?任せるならどこまで?など、このチームにどのような関わり方をしたいのか?
報告頻度・内容に関する考え	どのような頻度・内容の報告を求めているのか?
コミュニケーションに関する考え	コミュニケーションにおいてどのようなツール・内容・反応速度を求めているのか?
望む意思決定スタイル	ロジック?データ?直感?大胆?慎重? など、どのような意思決定のスタイルを望むのか?
望む業務スタイル	スピード重視?精度重視?など、どのような業務のスタイルを望むのか?

メンバーを把握する

メンバーの現状、Will（やりたいこと）、Can（できること）を把握します。ここで収集した情報は、次のように活用します。

現状：メンバーやチームの把握に役立つ
Will：メンバーのアサインメント・動機づけに役立つ
Can：メンバーのアサインメント・能力開発に役立つ

さらに、上記のようなことを真剣に聞くことで、メンバーの信頼も早期に得ることができます。「この人は真剣に自分のことを考えてくれそうだな」という最初の好印象を得られるのです。短期間で成果が求められるベンチャーでは、メンバーとの信頼構築も素早くおこなう必要があるため、最初の好印象を得ることは非常に重要です。

初回面談時の注意点

初回面談時は、メンバーの話が98％にならないといけません。初回の面談時に、メンバーの信頼を得ようと、自分の過去の栄光話や自慢話（＝武勇伝）を話す人がいますが、それは逆効果です。

武勇伝を話すマネージャーのことを、メンバーはどのように思うでしょうか？

「この人は私のことを全然考えてくれなそうだな」
「この人は今あまりうまくいってないんだな」
「この人は自信がないんだな」

こんなふうに思うでしょう。武勇伝に興味がないどころか、武勇伝を語り尽くされることによる悪印象たるや相当なものがあります。

そして、このようなマネージャーが担当するチームは、開始早々「荒れる」ことになります。マネージャーが新しい人になるというのは、メンバーにとっては一大事です。だれが上司であるかによって仕事の内容も進め方も変わるわけですから、メンバーは新しいマネージャーはどんな人か、警戒の目で見ています。前任のマネージャーの評判が良ければなおさら、メンバーは次にどんな人がマネージャーになるのかに過敏になります。過敏になっているメンバーに対し自分の武勇伝をひたすら話そうものならば、さっそくメンバーの信頼を失います。

さらに、第一印象を払拭するには相当な時間を要します。人は第一印象で人を評価し、その評価を引きずります。素早く成果を残さなければならないベンチャーにおいて、これは致命的です。

くれぐれも、初回面談時に武勇伝を語ってメンバーの信頼を得ようと思わないでください。大失敗のもとになります。初回面談時は、メンバーの話が98%です。

第3章

チームの役割、目標、意義を設定する

1 チームの役割とその先にある意義を「自分で」決める

前章でご説明したように、会社にチームが存在している理由は「役割」と「目標」があるからです。この2つがなければ、会社に不要なチームとなります。

チームの役割と目標は上司や会社から降ってくるのが一般的でしょうが、ベンチャーではそうはいきません。繰り返しになりますが、ベンチャーでは社長ですら「プレイングマネージャー」です。マネジメント専任で動ける人などだれもいません。加えて、ベンチャーを取り巻く外部環境、内部環境はコロコロ変わります。それに伴い、あなたのチームの役割・目標もコロコロ変わります。マネジメント専任者がいない環境で、かつチームの役割・目標もコロコロ変わるのであれば、都度状況にフィットした役割・目標をタイムリーに考えてくれる人などだれもいません。役割・目標は自分で考え、上司にぶつけて承認をもらいます。

また、目標の先にある「意義」を言語化する必要もあります。ベンチャーが掲げる目標は野心的でタフなものであり、「その目標達成にはどんな意味があるのか」を明確にしておかないと、チームメンバーは疲弊します。意義を言語化して、チームの共通認識にしていく必要があります。

チームが活動をスタートさせる前提の「役割」「目標」「意義」をどのように決めていくのか、その

図3-1

「役割」と「目標」があるからチームの存在理由が生まれる

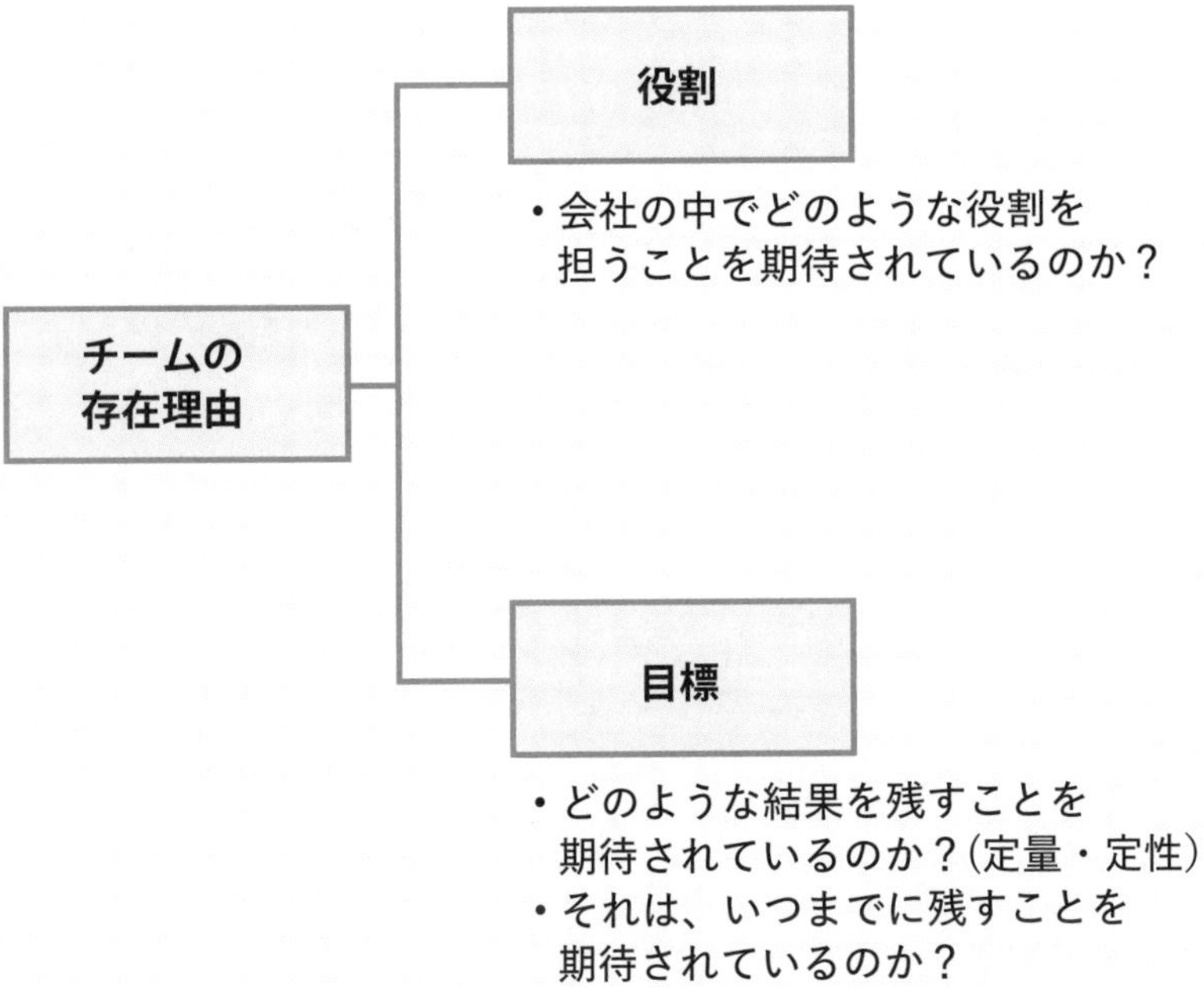

方法を本章ではお伝えできればと思います。

「会社の目標・課題」x「チームの現状」でチームの役割を決める

チームの役割を決める方法は、「会社の目標・課題」x「チームの現状」です。あるマーケティング部の例を挙げます。

会社の状況

- 既存事業の売上が横ばいになってきた。新規事業で売上を創出しなければならない
- 新規事業はようやく立ち上がり、ここからマーケティングのアクセルを踏むフェーズ
- 新規事業は少人数でリーンに立ち上げるため、プロダクト開発を担当する3名のみで構成され、そのほかの職種の人間はいない状態

チームの状況

- 既存事業のマーケティングを担当している
- 既存事業ではあまり伸び代がなくなってきており、また手法も固定化してきており、これからは効率化できそう

図3-2
「会社の目標・課題」x「チームの現状」でチームの役割を決める

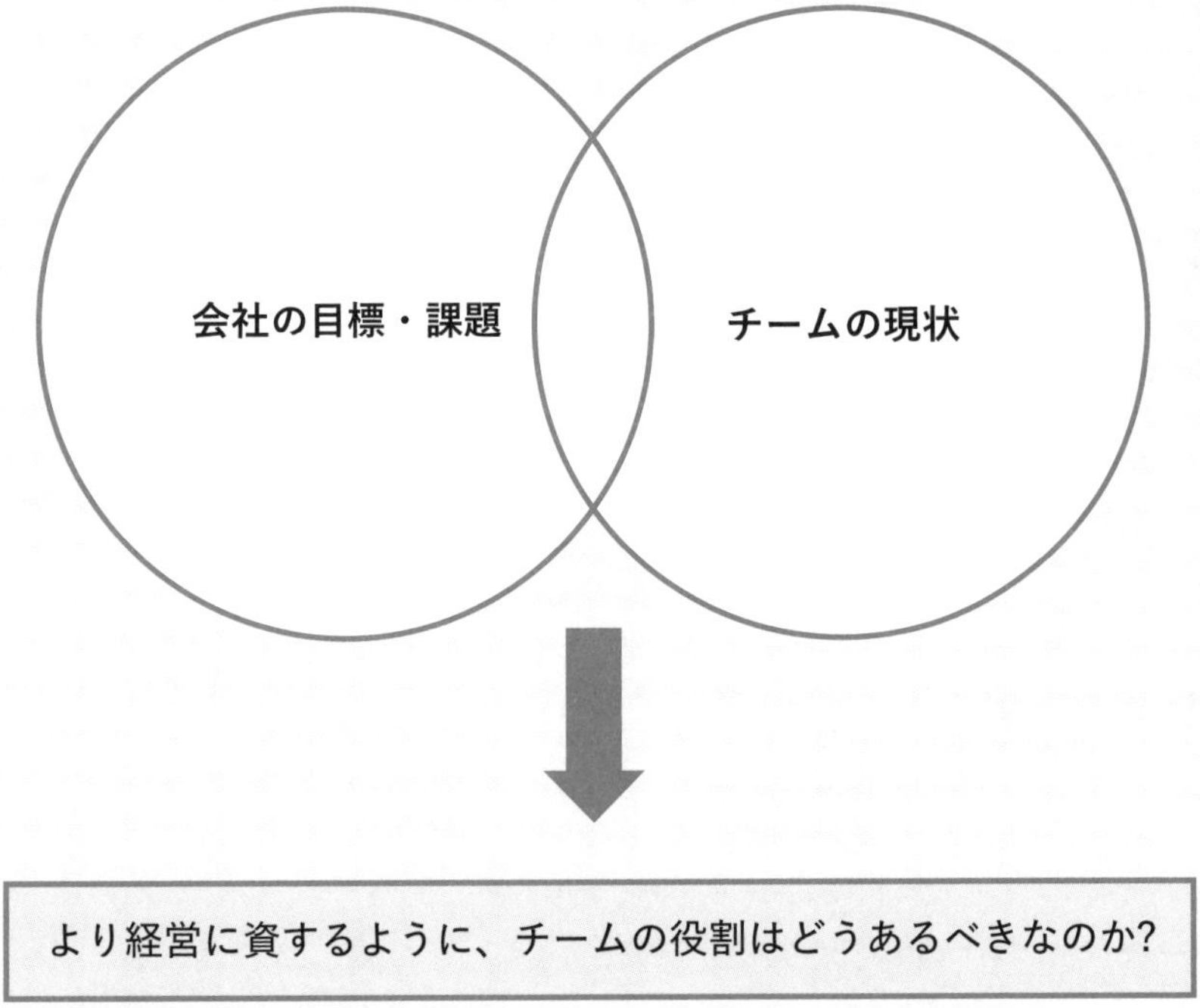
会社の目標・課題
チームの現状
より経営に資するように、チームの役割はどうあるべきなのか?

このような状況の中、あなたがマーケティング部長であれば、自分のチームの役割を何としますか？　現在は「既存事業のマーケティングをおこなうチーム」です。既存事業を効率的に回しながら、既存事業で培ったノウハウを新規事業に注入し、成功の種を見つけた段階で新規事業に人を寄せていくことが求められていることでしょう。言葉にするならば、次のような役割になるはずです。

「既存事業のマーケティングを効率化し、新規事業の立ち上げをマーケティング面で支援する」

「自分は社長ではないので、こんなこと決められません」というご意見もあると思います。たしかにそのとおりです。自分で勝手に役割を変えることはできません。しかし、「この役割であるべきだ」と自分で考え、自分の意見を決めることであればできます。決めた自分の意見を社長にぶつけて、承認を取るのです。

プレイングマネージャーとしてあらゆることに奔走する社長は、自分でマーケティング部の役割定義まで考える時間はありません。仮に社長が決めるとしても、ほかの業務に忙殺され、意思決定は遅れがちです。自分でゼロから考えるのは難しいかもしれませんが、マネージャーから「このような状況なので、マーケティング部の役割はこうあるべきです」と提案されれば、それを判断するのみで済みます。社長にとって、この違いは非常に大きいです。役割変更というアクションが、会社として一歩も二歩も早くなります。そういう会社は非常に強いです。

マネージャーは、会社の状況変化を察知し、自分のチームの役割を自分で決めにかかりましょう。

役割認識を変えればチームの成果は劇的に変わる

自分のチームの役割を「既存事業のマーケティングをおこなう」と認識しているチームと、「既存事業のマーケティングを効率化し、新規事業の立ち上げをマーケティング面で支援する」と認識しているチームでは、スタート地点から会社への貢献度に雲泥の差が出ます。前者の役割認識でいくら努力を重ねても、会社の中で求められる役割は果たしきれません。後者のような、会社の状況にフィットした役割認識で業務をおこなえば、日々の努力がダイレクトに会社への貢献につながります。努力だけではなく、そもそもの役割認識を変えることで、会社から求められる成果の達成度が劇的に変わるのです。

2 役割に基づき野心的な目標を掲げる

目標は予測ではない

目標とは何でしょうか？　目標と予測を混同し、「正確な」「予測値としての」目標設定を時間をかけておこなう方が非常に多いですが、目標は「予測」ではありません。予測とは、何らかの根拠を元に推測されたものですが、目標とは「その達成を目指すことでチーム・個人の能力を最大限引き出すもの」です。目標は、チームの力を引き出すエンジンなのです。

よって、目標は確からしい根拠が重要なのではなく、「それを目指すことでチームはどうなるのか、個人はどうなるのか」という点が非常に重要です。目標設定をする目的は「チーム／個人の力を最大限引き出すこと」なのです。根拠をもって推測された「予測」と「目標」は、まったく異なるものです。

目標設定のための分析・検討に時間をかけすぎない

目標と予測は異なることに加え、新規性の高いことにチャレンジしているベンチャーでは、どのあたりの目標が妥当なのか、目標設定のための分析・検討を長くしたところで、答えが見つかるものでもありません。妥当なラインを分析・検討により発見しようとして、長い時間そのことに時間を割く人が多くいますが、その長い時間は「目標が決まっていない期間」ということになります。

仕事におけるアクションというのは、目標と現状のGAPを埋めるためにおこなうものなので、目標が決まっていないということは、何もアクションがおこなわれていないということです。どれだけ目標として妥当なものを考えようが、その設定のための時間が長ければ長いほど、チームのアクションは減ります。さらに、ベンチャーであれば、妥当なラインなど検討を続けても、どこかでその検討による意味がなくなるラインがあります。考えても、わからないものはわからないのです。

目標設定のための分析・検討はほどほどにし、野心を根拠に設定します。「このラインが妥当だ」ではなく、「ここを目指したい」という意思をもって目標を決めます。そのようにして早く目標を決め、早く動いて早く失敗して早く学んで、その目標を到達できる方法を探すのです。野心をもとに早く決めて早くチャレンジしたほうが、最終的な成果にはつながります。

「手が届くギリギリのライン」の目標がチームに創意工夫を生む

では、野心を根拠に設定する目標は、どのラインで設定するのが妥当なのでしょうか。それは、「手が届くギリギリのライン」で設定することです。イメージとしては、「70%程度は達成方法の想像はつくが、30％は達成イメージがつかない」程度、非現実的とまでは言えませんが、現実的だとも言い切れないラインです。

達成イメージがつかない部分があるからこそ、チームは「創意工夫」を試みます。創意工夫をおこなうことで、チームの能力は向上します。

100％想像がつくラインでの目標設定であれば、チームは創意工夫の必要がありませんから、チームの能力は伸びません。

目標は達成を目指すものですが、達成することは目的ではありません。目的はチームの発揮する能力の最大化、その手段として30％程度は達成方法の想像がつかない野心的な目標を目指す、ということになります。

能力の伸長を評価する

「うちのメンバーは保守的で、『野心を根拠に目標設定を』なんて伝えてもできないだろうね」

なんて嘆く経営者の方はいないでしょうか？

社員のせいにしないでください。制度に不備があるから、保守的にならざるをえないのです。

図3-3

目標の高さによってチームの能力の向上も変わる

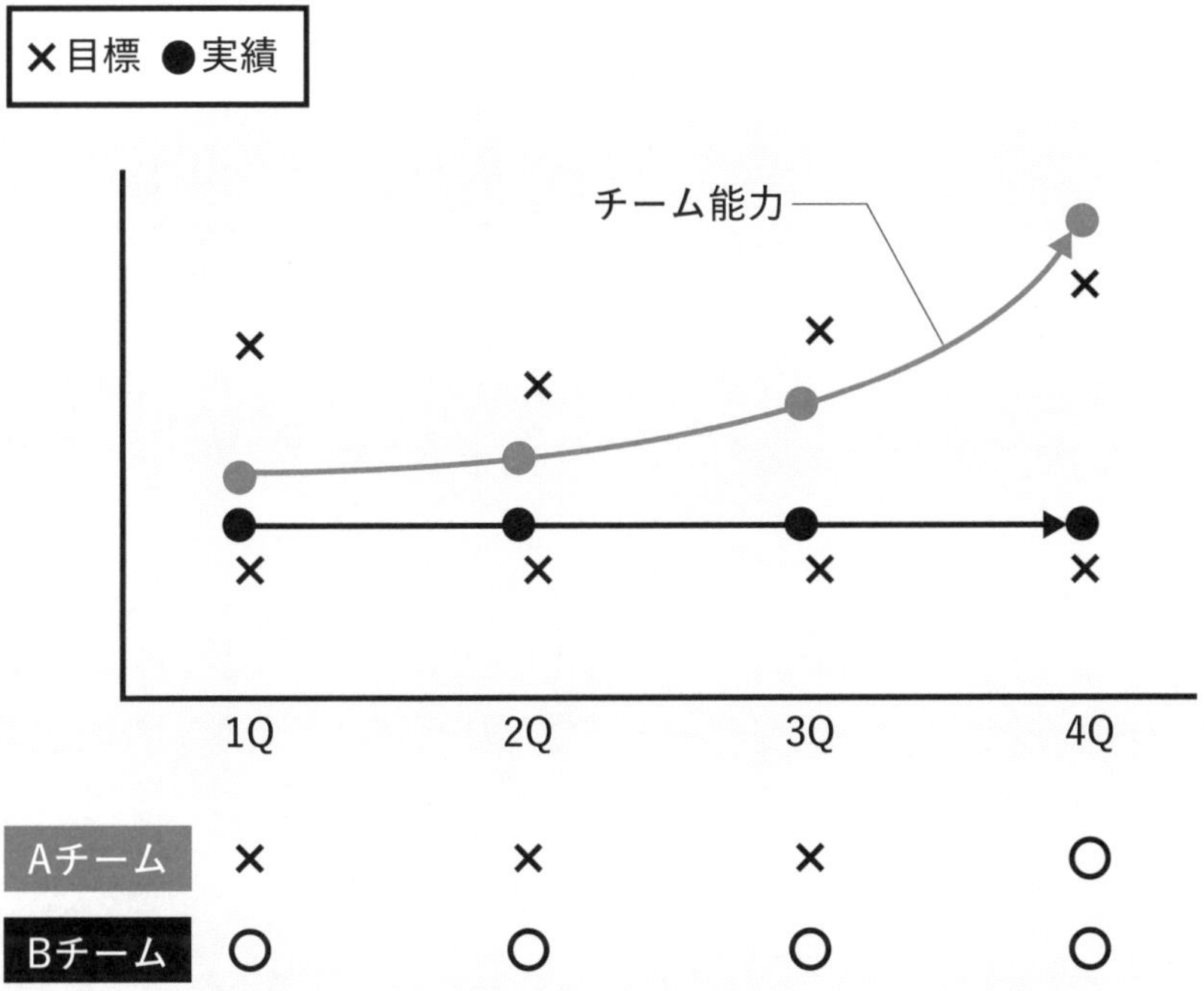

図は、野心的な目標を目指すチームと、保守的な目標しか持たないチームの能力向上イメージです。目標達成の観点だと、Aチームは1勝3敗、Bチームは4勝0敗です。もし目標達成度のみで評価されるような制度であれば、社員のみなさんはBチームのような目標を設定しようとするでしょう。もし社員のみなさんが進んで野心的な目標をもち、それを目指すようにしたければ、「Bチームより Aチームを評価する」ということをはっきりと評価制度に落とし込んでください。つまり、成果中心の評価ではなく、能力中心の評価にするのです。「絶対達成できるような保守的な目標を達成し続ける人より、野心的な目標を掲げ、そこにチャレンジすることで常に能力を伸ばし続ける人を評価する」と明言するのです。

そういうチャレンジに値する制度があってはじめて、社員はチャレンジをします。成果中心ではなく、「大きな成果を目指した結果伸びた能力」中心で評価をするようにしてみてください。

3 無機質な目標に意義をつける

人の人生は数字を追いかけるためにあるのではない

ハウテレビジョンでは、COOとして野心的な目標を各部署に設定し、その達成のための施策を推進していました。さまざまな施策が実行されるようになり、チームの停滞感も徐々に解消されてきつつあったころ、私にとってはメンバーである、ある部長に喫茶店に呼び出され、こんなことを言われました。

「長村さん、数字の話ばかりで、自分も仲間も疲弊しています。せっかく一緒に仕事ができることを楽しみにしていたのに、数字の話ばかりではつまらないです」

私はその時、ハッとしました。ベンチャーで働く人にとって、仕事をする時間は人生の中で最も高い比率を占めるはずです。「人生の大半は仕事でできている」といっても過言ではありません。

では、その人生とは何のためにあるのでしょうか？　目標数字を追いかけるためだけにあるのでしょうか？　あるいは数字でなくとも、目標としている何かを期限どおりに達成するためだけにあるのでしょうか？

違いますよね。人は人生に「意義」を求めます。だれかの役に立つ、なりたい自分になる……そんなふうに、個々人にとっての意義を求めます。

仕事が人生の大半を占めるのであれば、仕事においても意義が必要です。「その野心的な目標を達成したその先に何があるのか？」という意義があるからこそ、目の前の高い目標に人は向き合えるのです。

そのあたりまえのことに気づかず、日々目標の話だけを延々としていた自分は、マネージャーとして非常に良くなかったなと反省しています。そんなマネージャーでは、チームメンバーは疲弊します。持続的に野心的な目標を追いかけるチームなど作れないのです。

3つの軸で意義を創出する

意義には3種類あります。

❶社会軸

自分たちの貢献対象（ユーザー、顧客、その先の社会）に貢献したい、という種類の意義です。

【例】○○な社会を実現する

❷市場軸

競争相手や関連事業社ともに所属しているその市場において、自分たちがどういう存在になるか、という種類の意義です。

【例】〇〇市場でNO.1になる

❸自社軸

日々の業務を通じて、自分たちがどのような存在になるか、という種類の意義です。

【例】〇〇ができるようなチームになる

この3つの軸で意義のアイデアを出し、そのアイデアの中から良いものを選んだり、アイデアのいくつかを統合することで、チームの意義を創出します。

この意義とセットで、野心的な目標をメンバーに伝えましょう。無機質な目標だけを伝えることでチームを疲弊させるのではなく、意義とセットで目標を伝えることで、活き活きと目標を追いかけるチームを作ります。

マネージャーは「意義の営業トーク」を持っておく

チームの意義を1つのワード、文章で設定して終わりではありません。その意義を浸透させるために大事なことがあります。

意義の3つの軸は、人により刺さる軸が異なります。「社会軸に興味はあるが、市場軸にはまったく興味がない」といったことが多いのです。マネージャーは、チームの意義を「社会軸で言い換えると」「市場軸で言い換えると」「自社軸で言い換えると」というふうに、軸を変えて言い換えることが求められます。

チームの意義をチーム全体に共有したあと、特に刺さりが悪そうなメンバーに対しては「意義の営業トーク」で、その人に刺さる軸でチームの意義を再解釈し、伝えることでケアをします。チーム全体で意義を設定しつつ、1人1人に刺さるような意義に言い換えることで、意義に腹落ちして野心的な目標を前向きに追いかけられるチームを作ることができます。

図3-4

意義は人により刺さる軸が異なる

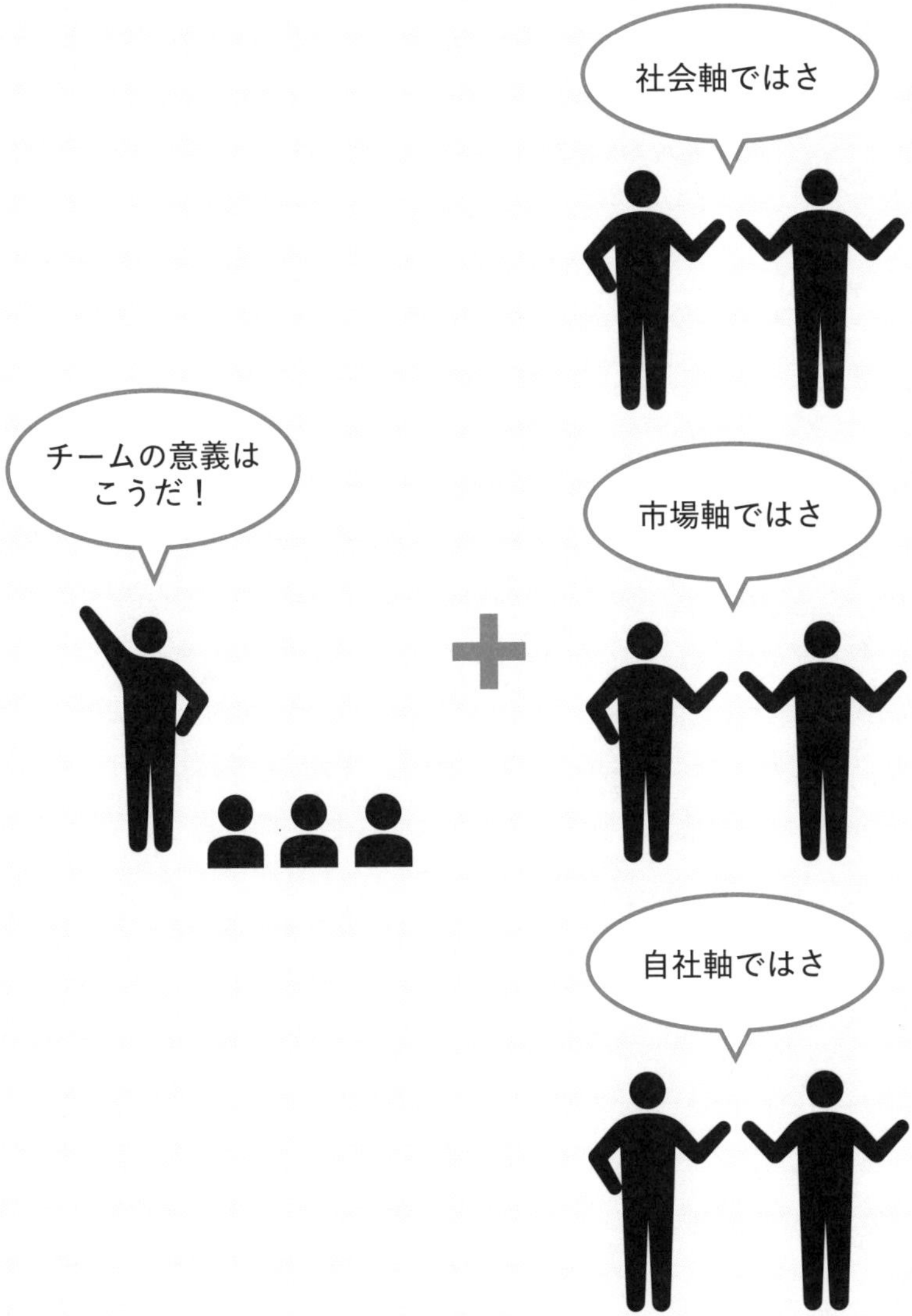

第4章

チームの戦略3点セット［方針・KPI・重要アクション］

1 人もお金も少ないベンチャーで立てるべき戦略とは

ベンチャーでは、働くメンバーがたくさんいるわけではありません。また、融資や出資を受け資金があったとしても、本業で赤字が続いていれば、会社に残された時間はそう長くはありません。そんな中では、「今重要なことに集中し、残すべき成果を残す」ということが必要です。「思いつくことをすべてやろう」という心意気では、結局何もやりきれず、成果は残りません。

本章では、ベンチャーという人もお金も限られたプロジェクトの中でどのように戦略を立て、どのように成果を残すのかという点についてお話しします。

方針という魔法のツール

目標達成のためのアクションは無数に考えられますが、その無数にあるアクションの選択基準が「方針」です。方針とは、目標達成のために取るべきアクションの方向性を指します。チームで3～5つ程度で設定します。次の例を見てみましょう。

目標

- 採用管理ツールＡの月間お問い合わせを１００件獲得

考えられるアクション

①Ａのサービス説明をわかりやすくマンガ化して、広告を配信する
②Ａの導入事例を記事にして、広告を配信する
③接触済み未受注のクライアントに、採用にまつわる情報を載せたメールマガジンを配信する
④採用にまつわるノウハウを伝えるＹｏｕＴｕｂｅチャンネルを開設する
⑤採用にまつわるノウハウを伝えるＴｗｉｔｔｅｒアカウントを開設する
⑥採用にまつわるノウハウを伝えるｎｏｔｅを開設する
⑦導入事例を説明するウェビナーを開催する
⑧ツールＡを10日間無料で体験できるようにする
⑨ベンチャーキャピタルと提携し、顧客を紹介してもらう

ほかにもさまざまなアイデアが考えられます。

考えたアイデアは、すべて実行すべきなのでしょうか？

ベンチャー企業では人員、資金などリソースが限られます。すべてを実行しようとすると、「結局やりきれず、どれも中途半端に終わる」という結果になります。方針がないチームの典型的な失敗例

です。

月間お問い合わせ100件という目標を達成するための「方針」があれば、このアイデアの中からやるべきことを選択し、その実行にフォーカスすることができます。

方針

・「導入イメージが湧かない」というネックを解消するために、導入事例を訴求する

この方針に従えば、②と⑦にアクションを絞ることができます。方針があることで、無数のアクションアイデアから、やるべきことを選択できるのです。そして、絞ったアクションを確実に実行することで成果を出します。

方針は「工数小×インパクト大」で策定

方針があればアクション絞ることができ、大事なことにフォーカスできます。ただ、方針が筋の悪いものだった場合は、いくらアクションを絞れたところで、達成はできないでしょう。筋の良い方針、悪い方針とはどのようなものでしょうか。

図を見てください。横軸が工数（どのくらい労力がかかるか）、縦軸がインパクト（どのくらい成果が出そうかその期待値）という4象限を見た時に、どこのゾーンで方針を設定するといいでしょう

図4-1
方針の4象限

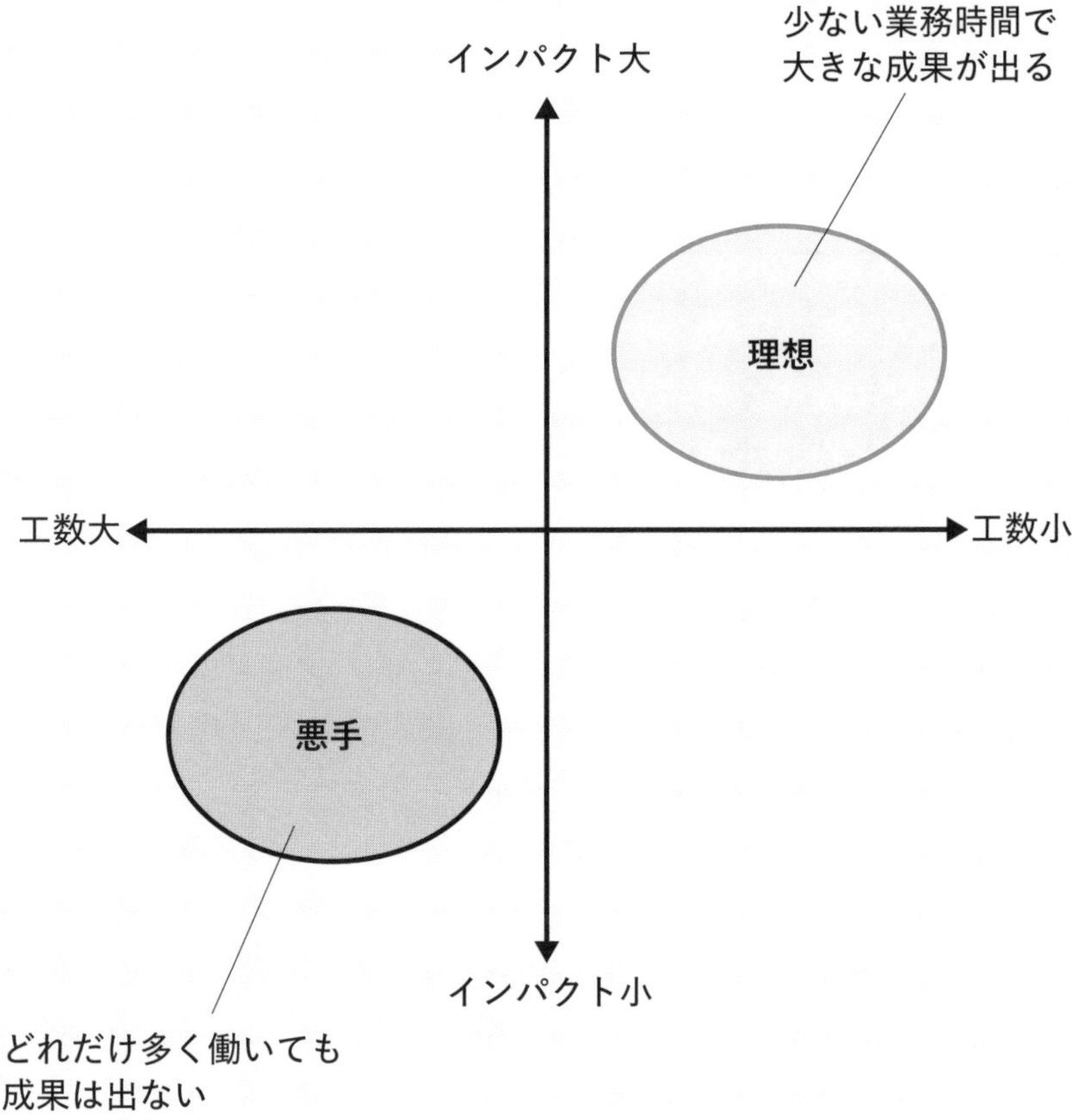
少ない業務時間で
大きな成果が出る
インパクト大
理想
工数大
工数小
悪手
インパクト小
どれだけ多く働いても
成果は出ない

か。

工数大×インパクト小のゾーンは「悪手」です。このゾーンで方針を設定してしまっては、チームメンバーがどれだけ努力したところで、成果が出ることはありません。方針設定の時点で、チームの負けが確定してしまっています。

逆に、工数小×インパクト大のゾーンは「理想」です。このゾーンの方針を設定できれば、チームは最小の努力で、最大の成果を出すことができます。方針設定の時点で、チームの勝利はかなり近いところにあるといえるでしょう。

このように、「どのゾーンで方針を設定するのか」が非常に重要です。

方針はほどよい抽象度で設定

方針は、「何をするのかはわかるが、どのようにするかは試行錯誤の余地がある」程度の抽象度で設定するのがコツです。このような抽象度で設定すると、方針に沿ったアイデアをメンバーが次々と考え、自走的に実行していきます。メンバーの中に「何をやるべきで、何をやるべきでないか」の選択基準が明確にインプットされるので、メンバーが自走できるのです。現場感のあるアイデアが次々と実行に移されていきます。次の例を見てみましょう。

①ユーザー同士の交流を実現するため、必要な機能を開発する

②ユーザー同士の交流を実現するため、コミュニティ機能を開発する
③ユーザー同士の交流を実現するため、あいさつボタンを実装する

①は抽象的すぎて、アクションの選択基準になりえません。メンバーからすれば、「何をやるべきなのか」を自分で判断するのは難しいと思います。
③は具体的すぎます。あいさつボタンを実装すること以外のアイデアはすべて捨てることになります。
②だと、メンバーは「コミュニティ機能の開発」というアクションの方向性の中で、どんなコミュニティにしようかと具体的にさまざまな企画を考え、実行することになります。

このように、方針は抽象的すぎても具体的すぎてもよくありません。方針の抽象度の設定が下手だと、結局1つ1つのアクションをマネージャーが考え指示することになるので、マネージャーの負担は大きくなります。

加えて、現場感に乏しいマネージャーが1つ1つのアクションを指示するのであれば、その指示のクオリティも疑問です。現場感がないので、ズレた指示になる可能性もあります。

ほどよい抽象度を設定し、メンバーの頭の中にインプットできれば、現場感のあるアイデアを自走的にメンバーが考え、次々と実行していきます。

チームの状況に合わせて方針策定する

チームの置かれた状況はさまざまです。図のように、5つの状況に応じて方針を策定する必要があります。

立ち上げ

事業や取り組みがまだ価値を確立していない状態です。方針は、企画や検証など価値確立に関係するものだけにフォーカスします。

急拡大

事業や取り組みの価値が確立し、その価値を大きくしていく状況です。採用、組織ルール策定、マネージャー育成など、組織的な方針が多くなってきます。

成功の継続

現在成功している取組を継続しつつ、新しいチャレンジをそこに追加していく状況です。現在の取り組みの効率化や、成功をさらに盤石にするための投資、そして新規の取り組みに関する方針がおもなものになります。

図4-2

チームの5つの状況

状況	内容	チームのミッション	掲げるべき方針の種類
立ち上げ	新しい事業・サービスなどを立ち上げる状況	新しい事業・サービスの立ち上げを成功させる	立ち上げの成功にとって重要なポイントを掲げる
急拡大	事業・サービスが市場に受け入れられ急拡大を狙える状況	事業・サービスの急拡大を成功させる	急拡大の成功にとって重要なポイントを掲げる
成功の継続	会社が求める役割・目標は最低限果たせている状況	現在の成功を保ちながら、さらなる成功を手に入れ会社の期待を超える	現在の成功を保ちつつ、これからおこなう新しいチャレンジを掲げる
軌道修正	会社が求める役割・目標が果たせていない状況	会社が求める役割・目標を果たせるようにする	重要な軌道修正ポイントを掲げる
立て直し	会社が求める役割・目標を果たせる状態にない危機的な状況	会社が求める役割・目標を果たせるような状況にする	抜本的な改革案を掲げる

軌道修正

現在のやり方では目標達成に到達できそうにないので、やり方を改善する必要がある状況です。既存の取り組みの改善・チューニングなど、今のやり方をよりよくしていくための方針がおもなものになります。

立て直し

今のままでは、達成が到底できない状況です。今のやり方の改善では済まず、やることそのものを変える、ひいてはそのためのチーム構成やメンバーなどの抜本的な改革が必要なフェーズです。チームの改革プロジェクトに関する方針、組織の大胆な変更に関する方針など、やることも組織もがらりと入れ替えるための方針がおもなものになります。

このようにチームの状況は5つに分かれ、その時にふさわしい方針の種類というものがあります。5つの状況というものがあることを知らないと、仮に自分があるチームで成功したとしても、その要因を理解しているとはいえず、その成功を再現できません。

たとえば、「立て直し」の状況で成功したマネージャーが、「自分は立て直しの状況で成功した」ということに自覚的でない状態で、次の配属先や転職先において「成功の継続」のチームを担当した場合に、どうなるでしょうか？

図4-3
チームの状況にあわせた方針を立てないと失敗する

チームの状況と掲げる方針の種類がマッチしないと成果は出せない

「成功の継続」であるにも関わらず、「立て直し」のやり方でマネジメント業務に臨むでしょう。すでに成功しているチームの抜本的改革に乗り出してしまい、チームメンバーからは当然大きな反発をされ、チームを掌握できず、大失敗に終わるでしょう。

自分が担当しているチームは、どのような状況なのか？
そのような状況では、どのような種類の方針を掲げるべきなのか？

それを意識して、方針策定に臨む必要があります。

2 方針に実現度を測る計器をつける

KPIとは「方針の実現度を測る計器」

定性的な方針には、定量的なＫＰＩ（Key Performance Indicator：重要業績評価指標）を付加します。ＫＰＩは、方針が実現できているかどうかを常にチェックするための「計器」になります。

以下の例を見てみましょう。

方針

サービスＡの認知度を高めるため、ＹｏｕＴｕｂｅチャンネルを開設し、サービスＡの活用動画を企画・投稿する。

KPI

チャンネル登録数３万人

「チャンネル登録数が3万人いけば、この方針が実現できているだろう」と定量的に測れる指標になります。チャンネル登録数を毎日見て、「今1万人か〜」など確認しながら、方針の実現度をチェックします。

方針なきKPIに意味はない

方針がなくKPIのみを設定し、それを追っているチームをよく見かけます。そのチームは何を実現したいのでしょうか？　そのKPIを達成したら、何が実現できているのでしょうか？チームの目標は、目標を達成するためのアクションの方向性「方針」が実現されることで達成されます。KPIを達成したところで、方針が実現されないのであれば何の意味もありません。

また、方針なくKPIを立てるチームは、KPIの設定そのものにも常に悩んでいます。

「このKPIで正しいのか？」

「このKPIを達成すればチームの目標は達成できるのか？」

それを判断する基準も存在しません。結果として、思いつくKPIを全部追うようなチームもありますが、あまりに多くなってしまったKPIを追い切れず、KPIは「ただ眺めるだけ」のものになります。

KPIを設定する前に、必ず「方針」を立てましょう。方針がなければ、何をKPIとして設定すべきかがわからないはずです。

KPIは人の行動を支配する魔力を持つので慎重に設計する

KPIというのは、思った以上に人の行動に影響を与えます。一度KPIを設定しまえば、それに対して足りるのか、足りないのかが非常に気になります。そして、KPIを達成しようと、チームの動きはKPIに引っ張られることになります。誤ったKPIは、チームを誤った方向に導いてしまうのです。次の例を見てみましょう。

方針

顧客単価向上のため、クライアントの課題を深く理解し、コンサルティング営業をおこなう

KPI

訪問社数

クライアント1社1社の課題を深く理解し、顧客単価を上げるようなコンサルティング提案が求められているにも関わらず、訪問件数をKPIに設定してしまっては、求める動きと真逆の動きになっ

てしまいます。クライアントへの提案を作り込むのではなく、ひたすらたくさんの会社を訪問する方向に動くので、結果このＫＰＩを達成したところで方針が実現できるわけでもありません。それでも、「訪問社数」と一度設定してしまうと、チームの行動はそれに引っ張られるのです。

このように、誤ったＫＰＩは、誤った方向にチームを動かしてしまいます。ＫＰＩは慎重に設計する必要があります。

3 KPIを達成するための重要なアクションだけを実行する

KPIを達成するためのアクションアイデアを出す

方針・KPIを設計できたら、具体的なアクションを出していきます。方針・KPIがない中でアクションを出しても、どこから手をつけていけば効果的なのかわかりませんが、方針・KPIがあればアクションは絞れます。

KPI
DAU10万人

アクション
プッシュ通知を最適化する

このように、KPIを達成するためのアクションを出していきます。

アクションは大事なものにフォーカスする

1つのKPIに対して、アクションは1～3個程度に絞るといいでしょう。ベンチャー企業のリソースは有限です。あれもこれもと手を出すのではなく、大事なものだけにフォーカスします。

1つのKPIに対し、アクションアイデアを出したら、またそれを工数・インパクトの観点で整理して絞ります。できるだけ、工数小・インパクト大に近いものを選ぶようにします。工数小・インパクト大のアクションアイデアを生むことができれば、チームは最小の努力で最大の成果を狙えることになります。

4 方針・KPI・重要アクションはフレキシブルに変更する

定期的に進捗確認する

方針・KPI・重要アクションが決まったら、図のような表を作り、チームのボードメンバーで週1〜隔週程度の頻度で進捗確認をおこないます。

ボードメンバーとは、次の人を指します。

- 全社の方針・KPI・重要アクション　→　CEOやCOO＋事業部長や領域特化CXO（CHRO、CFOなど）
- 事業部の方針・KPI・重要アクション　→　事業部長＋事業部内の各マネージャー
- チームの方針・KPI・重要アクション　→　チームのマネージャー＋リーダークラスのメンバー

ボードメンバーで定期的に表を確認することで、チームは目標達成に向かい、寄り道せずにまっす

図4-4
方針・KPI・重要アクションの進捗確認

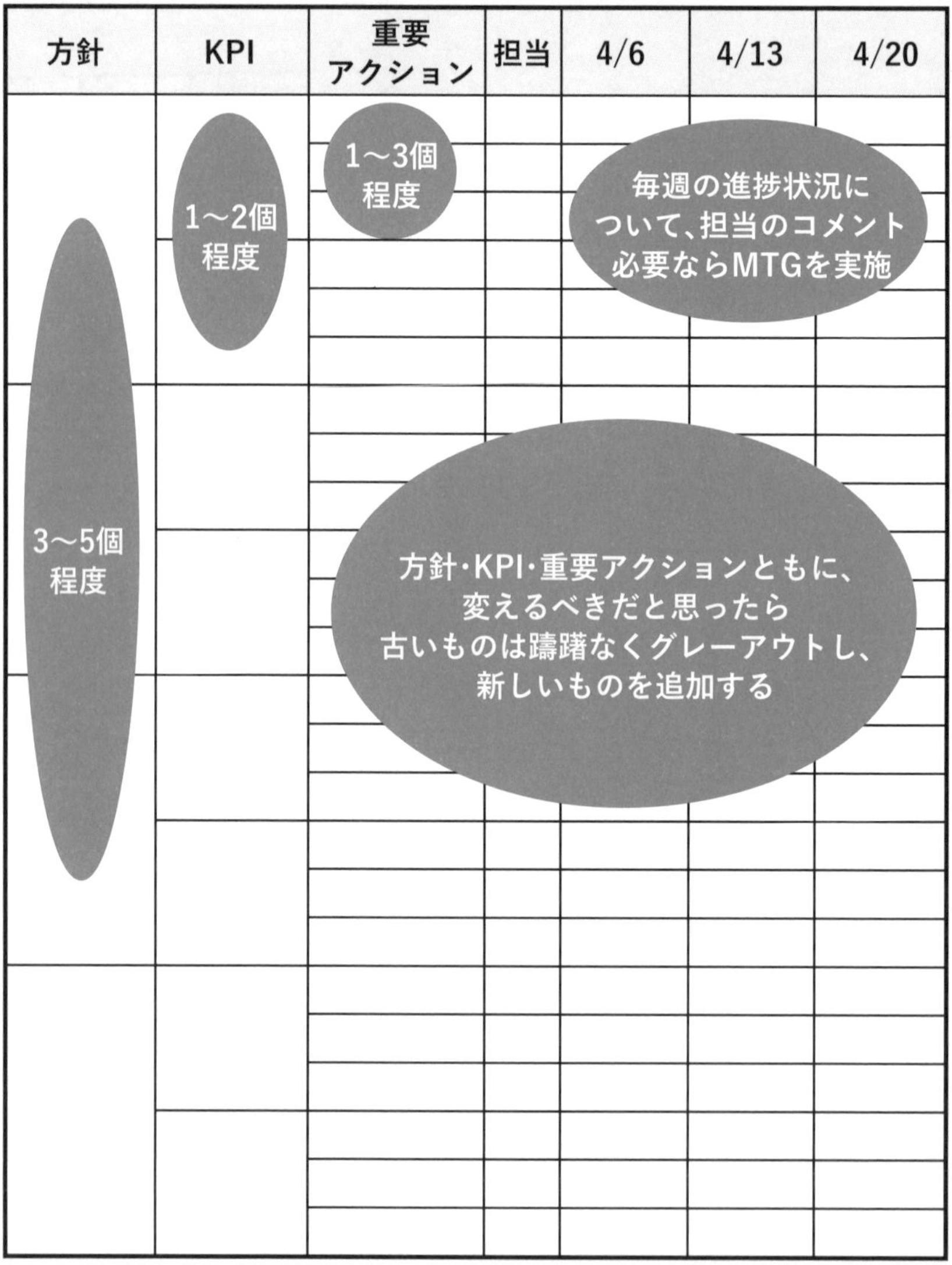

図4-5
ボードメンバー

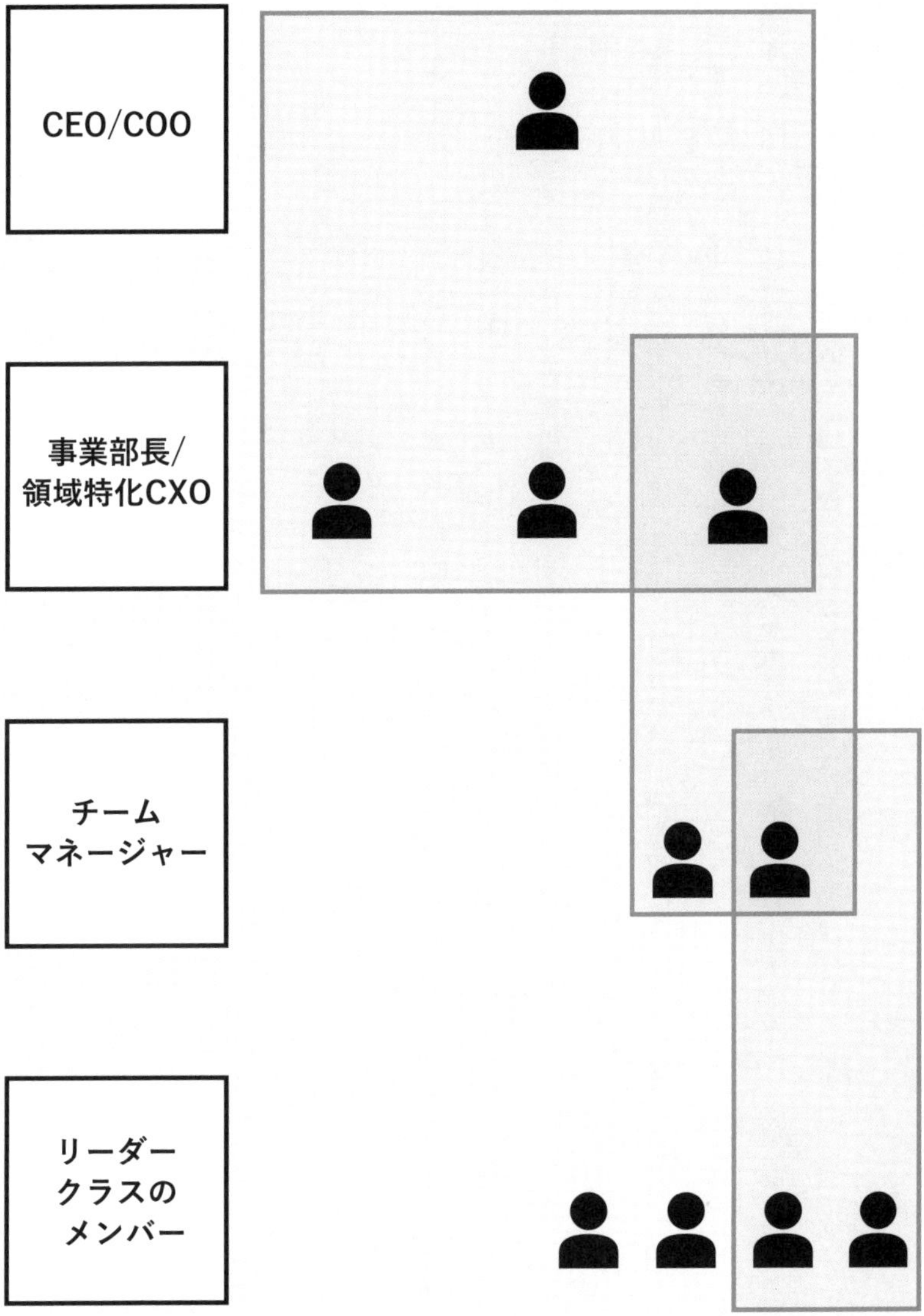

ぐ動くようになります。

この表は、チーム内に公開しておくと便利です。メンバーの頭の中にこの表があれば、メンバーは自分がチーム内で何をすべきなのかを自分で考えることができます。

また、現場に向き合うメンバーから新たな方針やKPI、アクションのアイデアが出てくることもあります。それは、現場に根差した、非常に貴重な意見になるはずです。

「違うな」と思った時点ですぐに変える

ベンチャーは、正解のないプロジェクトに向き合う組織です。はじめに立てた方針・KPI・重要アクションが正解とは限りません。実行する中で、筋が良いと思ったものがそうでもなかったり、いざ実行しようとするとさまざまな障壁が見つかりすぐには実行できなかったり、最初に立てたものがやはり違ったなと思うこともしょっちゅうです。

方針もKPIも重要アクションも、「違うな」と思った時点ですぐに変えましょう。躊躇なく変えてOKです。こだわる意味などありません。

目標達成に向かい、最適な方法を探し出すことが重要です。最初から正解を求めて動けなくなるのではなく、早く決めて早く失敗して早く学んで早く修正する、というのがベンチャーでは鉄則です。

変化に耐えられるチームを作る

方針・ＫＰＩ・重要アクションは柔軟に変えてＯＫなのですが、チームを混乱させてはいけません。変えることが悪いのではなく、変化に耐えられないチームがベンチャーでは悪となります。では、変化に耐えうるチームはどのように作るのでしょうか。

❶「目標達成のための手法は変える」とチームメンバーに宣言する

まず、自分のマネジメントスタイルをメンバーに宣言します。この説明なく柔軟に変えると、メンバーは戸惑います。事前に説明しておけば、メンバーも「事前に聞いていたしな」ということで戸惑いはなくなります。

中途入社者が社員の中心で、バックグラウンドが異なるさまざまな人が集まるのがベンチャーです。仕事の進め方を事前にすり合わせることで、混乱は回避できます。

❷理由を説明する

方針、ＫＰＩ、重要アクションを変えるにも、それぞれ理由があるはずです。方針を変える場合、２つの理由があります。

- 「チームの役割や目標が変わった」など、方針よりも上位概念が変わった
- 上位概念は変わらないが、今の方針だと目標が達成できないことがわかった（学びを得た）

KPI、重要アクションも同様です。変える理由を説明しないと、「この人は思いつきでいろいろ変えているのか」「振り回されて大変だ」などの批判をメンバーからもらうことになります。変える際は都度、「なぜ変えるのか」を丁寧に説明しましょう。その説明を怠らなければ、変化による混乱は起こりません。

第5章

強いチームをつくる

ベンチャーは、チームを取り巻く状況の変化が激しい中で、新規性が高いテーマで、急成長を志向した野心的な目標を掲げるプロジェクトです。状況や戦略に応じて、チームの体制もコロコロ変わります。戦略と同様、チーム体制も変わることが悪いのではなく、柔軟に変化させられないことが悪となります。

チームを柔軟に変化させるには、チーム体制の構成要素1つ1つを深く理解することが必要です。変化させる場合は、その要素の中で必要なものを変えていきます。

本章では、チーム体制を構築するのに必要な要素と、それらはどのような時にどう活かすべきなのかについて解説していきます。

チーム体制は、「体制パターン×アサインメント×権限設計」の3つをかけ合わせて構築します（メンバーに業務を任せることを「アサインメント」と呼びます）。

- 状況に応じた構造を選択する
- メンバーの特性を見極め、アサインする
- チームの中でだれが何を決めるのか、権限を設計する

この3つの要素がかけ合わさることで、機能するチームを作ることができます。

図5-1
チーム体制構築の全体像

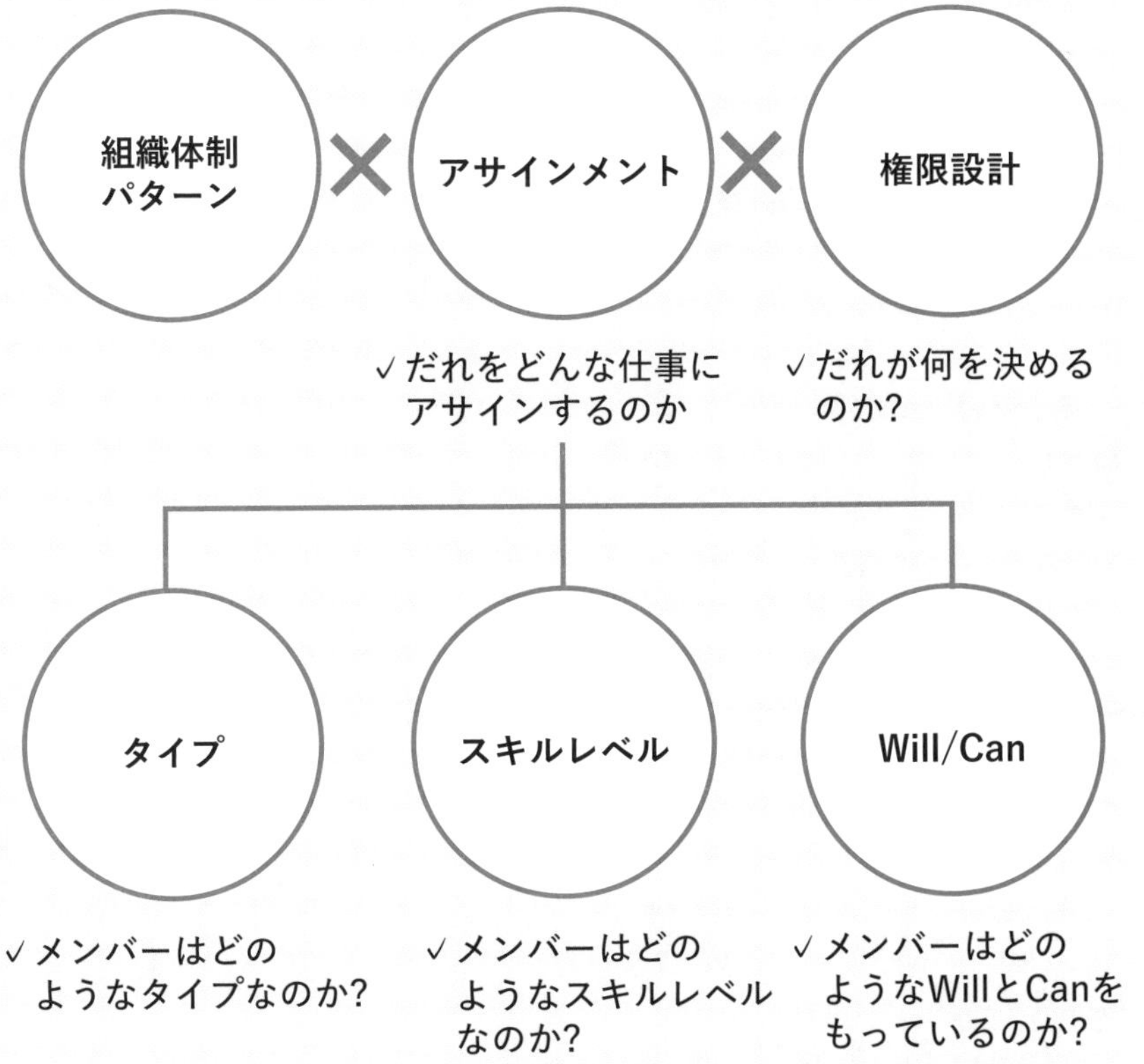

1 体制パターン

チームの体制パターンには、文鎮型、構造型、プロジェクト型の3つがあります。

文鎮型、構造型、プロジェクト型

文鎮型

1人のマネージャーに、チームメンバーが直接ぶらさがっているパターンです。

メリットは、マネージャーがすべてのメンバーと直接コミュニケーションを取ることができるので、意思決定〜実行〜振り返りが高速に回ることです。

デメリットは、マネージャーがすべてのメンバーと接点を持つ必要があるので、マネージャーがキャパオーバーになる可能性があることです。マネージャーの業務状況にもよるので一概には言えませんが、私の経験だと、直接接点を持つメンバーが7人を超えると、マネージャーの前には行列待ちが起こり、意思決定が遅れ、必要なメンバーケアもできなくなり、チームは機能不全に陥ります。また、チーム全体を見ているのがマネージャーのみとなるので、チームにとってのチャンスやリスクを見逃

図5-2
3つの体制パターン

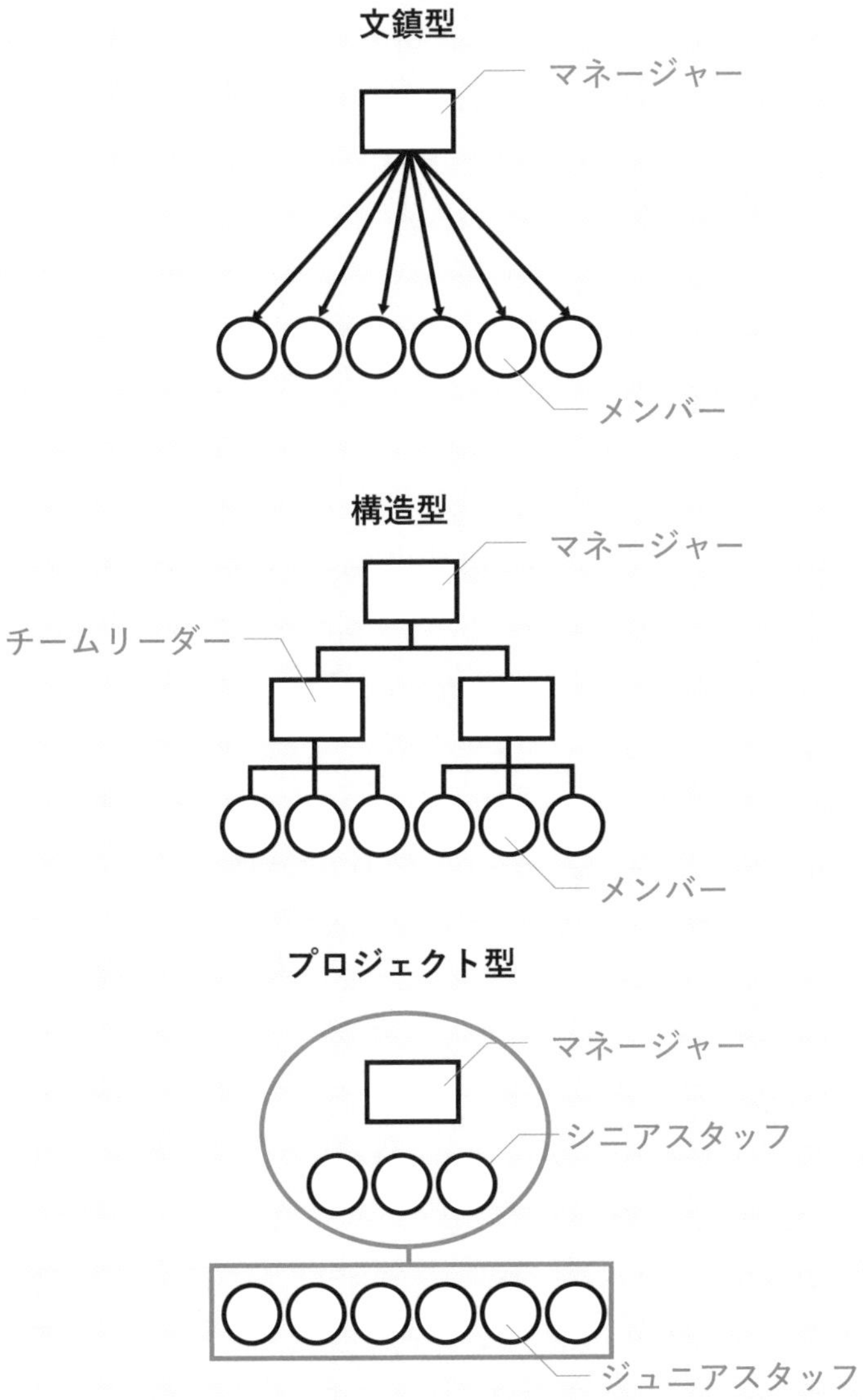

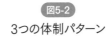

しやすくなります。

構造型

マネージャーとメンバーの間に中間リーダーがいるパターンです。マネージャーがすべてのメンバーを見るのではなく、マネージャーはおもに中間リーダーとコミュニケーションを取りながら、中間リーダーを通じてメンバーを見ていく形になります。

メリットは、中間リーダーがいるのでメンバーが増えても機能しやすいことです。

デメリットとしては、中間リーダーを挟んだマネジメントになるので、意思決定〜実行〜振り返りのスピードが落ちることです。

プロジェクト型

マネージャー、シニアスタッフ、ジュニアスタッフと階層を分け、シニアスタッフとジュニアスタッフで、機能ではなくプロジェクトごとにチームを形成するパターンです。

メリットは、構造型のように中間リーダー—メンバーを固定化しないので、プロジェクトごとに柔軟にチームを動かせることです。チームとして成功するための施策を探索し、実験を繰り返している期間や、クライアントワークや開発案件など案件ごとに規模や納期が違う中で柔軟にチームを作るような組織に向いています。

デメリットは、プロジェクトが起こっては消えを繰り返し、その中でメンバーのアサインも都度変わることから、リソース管理の難易度が高く、それを怠ると十分稼働していないメンバーが発生したり、逆に業務過多になるメンバーが発生することです。また、メンバーに特定のマネージャーや中間リーダーがついているわけではないので、メンバーの育成や評価などのピープルマネジメントがおろそかになる可能性があります。

チームの状況に合わせた組織形態をとる

方針のところで出てきた5つの状況に合わせて、チーム体制も変えていきます。

立ち上げ

文鎮型が向いています。立ち上げ責任者であるマネージャーが、価値を確立するために現場の情報をメンバーから直接拾い、高速で意思決定〜実行〜振り返りをおこないます。

急拡大

構造型が向いています。人員がどんどん増える中でもチームが崩壊しないように、中間リーダーを置き、新メンバーのオンボーディングを細やかにおこなったり、新旧メンバーの融合に腐心します。

成功の継続

図5-3
チームの5つの状況と体制

状況	フィットする体制	チームの動き方
立ち上げ	単一の立ち上げは文鎮型 複数の立ち上げを行う部署はプロジェクト型	新しいサービス・事業をマネージャーの強いリーダーシップでスピーディに立ち上げる
急拡大	構造型	急拡大で組織が崩れないよう、新規加入メンバーを細やかに管理し戦力化する。 そのためにチームを複数のチームに分け、チームリーダーを置く
成功の継続	既存の取り組みは構造型 + 新規の取り組みは文鎮型	既存の取り組みは構造型で管理者を置きつつ、新規の取組は立ち上げ同様、マネージャーが強く引っ張っていく
軌道修正	文鎮型から〇〇型へ	一度文鎮型にし、個別メンバーの業務や状況を直接把握しながら、新たな組織を再構築していく
立て直し	プロジェクト型	新たな方針のもと、少数精鋭の変革チームを組成し、抜本的な変革をどんどん推進していく

成功している部分は構造型を敷いてマネージャー抜きでも安定的に回せる体制を作りつつ、新規の取り組みで小さな文鎮型組織を作ります。現在の成功を保ちつつ、その成功部分は効率化を目指し、さらに現在の成功に甘んじることなく新しい取り組みをおこなっていきます。

軌道修正

マネージャーが直接現場を把握し、既存の取り組みの改善点をしっかりとつかんだうえで、最適な体制に戻していきます。直接把握するにあたって、構造型組織になっている場合、既存の中間リーダーを外して文鎮型に戻してもいいですし、「外すのはさすがに急だな」と感じる場合は中間リーダーをそのまま置きつつも、マネージャーが自分で一次情報を取りに行くことが重要です。中間リーダーに遠慮することなく、自分の目で一次情報に触れ、改善点を自分の目で発見していきます。

立て直し

プロジェクト型が向いています。現在の組織構造を一度壊し、成功しそうな施策を探索するためのプロジェクトを複数立ち上げ、そこにメンバーをアサインします。

- 芽が出なさそうなプロジェクトは潰して、ほかのプロジェクトに人を寄せる
- やりながらまた新しいプロジェクトをつくり、そこにほかのプロジェクトから人をアサインする

など、成功のための方法を探索するために柔軟に人を動かせる体制にします。

このように、チームの状況に応じて体制パターンを選びます。方針と同様に、チームがこの5つのどの状況にあるのかをラベリングしてください。きちんとラベリングできるようにならないと、現在の状況はどうあれ、過去に成功したパターンに拘泥してしまいます。その時のチームの状況をしっかりと読み、最適な組織体制を選択しましょう。

2 アサインメント

アサインメントとは、その人にどの仕事を任せるのかを決め、配置することを意味します。アサインメントは、その人の「タイプ」「スキル」「Will／Can」を把握し、それを元に総合的に判断します。

メンバー1人1人の力を最大限発揮できるようにアサインメントをデザインするのが、マネージャーの腕の見せどころです。同じメンバーでも、アサインメントが異なれば、発揮できる力も、その先の成果も、大きく変わります。メンバー1人1人の発揮能力を最大化させることが、チームのパフォーマンス最大化につながるのです。

メンバーのタイプによるアサイン

アサインメントに活かせるメンバーのタイプの分け方として、図のようなものがあります。

図5-4
メンバーの4つのタイプ

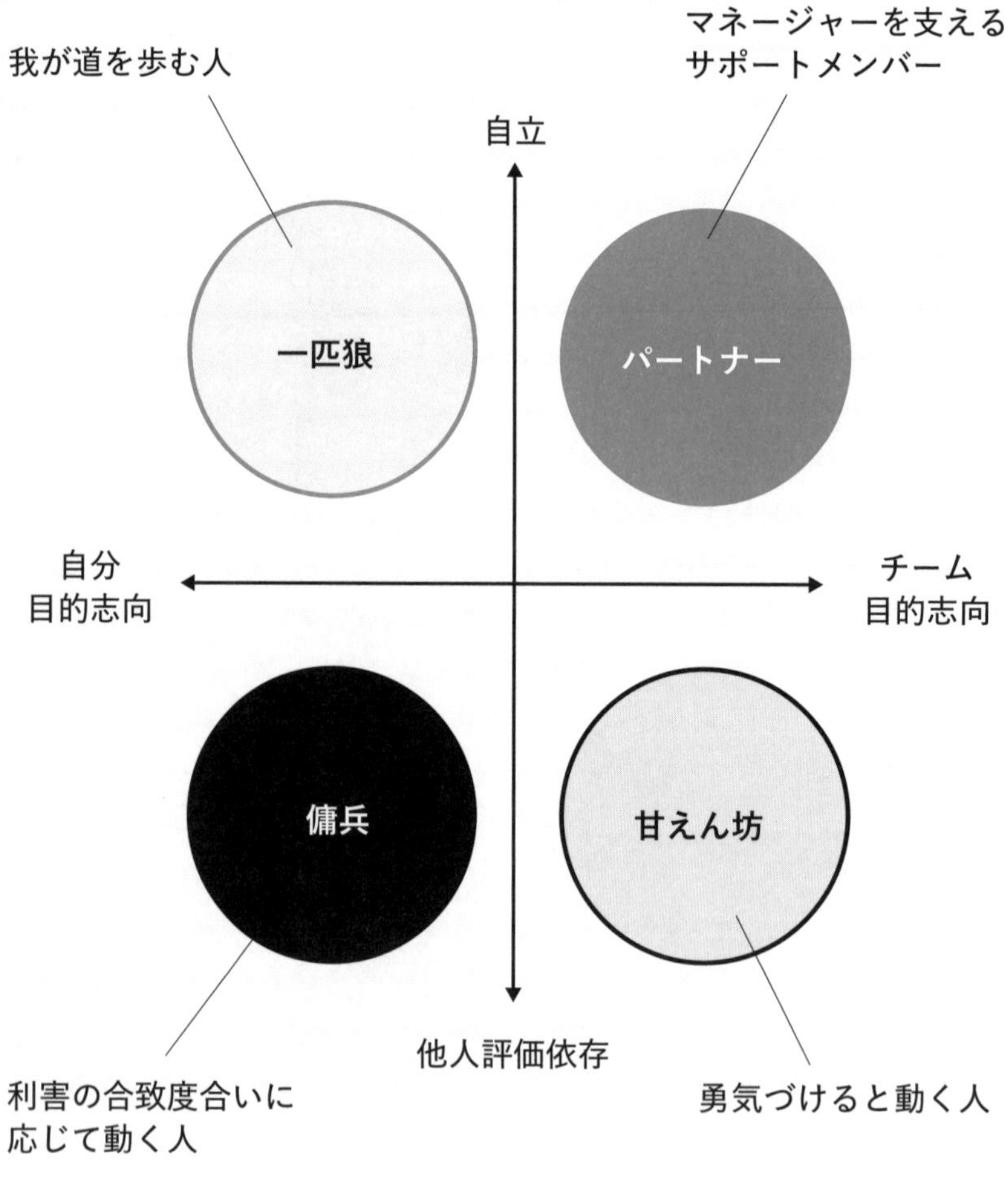

縦軸

- 自立：自分で自分の強み・弱みを客観的に把握できる
- 他人評価依存：他人からの評価・フィードバックを得て自分の強み・弱みを把握する

横軸

- チーム目的：チームの成功が自分の喜びだと思えるマインド
- 自分目的：チームの成功とは関係なく、自分自身の目的の達成に喜ぶマインド

このように4象限に分けた時に、次のタイプに整理できます。

❶パートナー

マネージャーの後任として最適な人財です。自分で自分のことを客観的に評価できるので、メンバーを評価することにも長けていますし、他人にも依存しません。また、チーム達成を目指した行動をします。チーム運営業務に関わらせながら、次のマネージャーとして育成します。

❷甘えん坊

チームの施策に協力的で、チームに対しての提言もおこなってくれるのですが、自信が持ち切れず、マネージャーに対して第三者的なアドバイザーに終始しがちなタイプです。パートナータイプのよう

図5-5
タイプごとに適したアサインメント

タイプ	特徴	口癖	アサイン
パートナー	チーム達成に向けた主体的な行動・発言をおこなう	チームは今どんな状況ですか?	マネージャーのマネジメント業務を一部任せる
甘えん坊	チーム達成に向けた客観的なアドバイスをおこなう	チームはこうしたほうがいいかもしれません	チームメンバーのケアに当たらせる
一匹狼	特定の領域にこだわりがあり、そこで高いパフォーマンスを出す	その仕事は自分がやるべき仕事ではないです	その人のこだわりの領域を、チームプレーではなく個人プレーの形で任せる
傭兵	評価や自己成長を第一目的に仕事に取り組む	評価基準はどうなってますか?	目標が明確な業務を任せる

に強くはないですが、逆に弱い人の気持ちがわかるため、チームメンバーの悩みや相談には親身に乗れることが強みです。チーム運営業務の中でも、メンバーケアなどピープルマネジメントの業務が向いています。

❸一匹狼

自分の強み・弱みをよく理解したうえで、その特徴をしっかりと活かせる業務をすることを仕事の目的と置いているタイプです。チームの施策に協力的なわけではないですが、特定の領域について異常にくわしかったり、のめり込んだりします。自分の強みの発揮しどころもズレていないため、特定の領域で高い成果を残します。チームプレイには向いていないので、集団の調和が求められる仕事より、個で大きな成果を残せる仕事にアサインをします。

❹傭兵

他人評価を得ることで自己実現を図るタイプで、キャリア・報酬などの自己メリットを強く求めます。評価基準を細かく気にし、その結果得られるものを確認しながら、その基準を達成しようとします。評価基準とリターンが明確な仕事にアサインすることで、だれよりも目標に執着してがんばってくれるタイプです。

このように見ると、「パートナータイプが一番いいよね」と思うかもしれませんが、それはマネージャーが一番動かしやすいからでしょう。しかし、パートナータイプでは強すぎて弱っているメンバーに親身になりきれなかったり、特定の領域でのこだわりが薄いがゆえにアウトプットが凡庸だったり、他人評価をそこまで気にしないため目標への執着が甘かったりするかもしれません。

どのタイプが良くて、どのタイプが良くないというわけではなく、どのタイプも活かすべき特徴を兼ね備えています。全員にパートナーになるようなマネジメントをするのではなく、それぞれのタイプを活かすようなアサインをして、メンバーの才能を発揮させましょう。

Will／Canによる4つのアサイン

Willが高い／低い、Canが高い／低いで4象限を作った時に、4つのアサインタイプがあります。

❶最適アサイン

やる気もあり、できる可能性の高い仕事です。その人が一番活きるアサインになります。

❷プロアサイン

「やる気はないが、できる」という仕事です。なぜその仕事をその人にお願いするのか、動機づけをする必要があるアサインです。そういうケアがなく放置していると、辞めてしまうこともあります。

図5-6
Will／Canの4象限

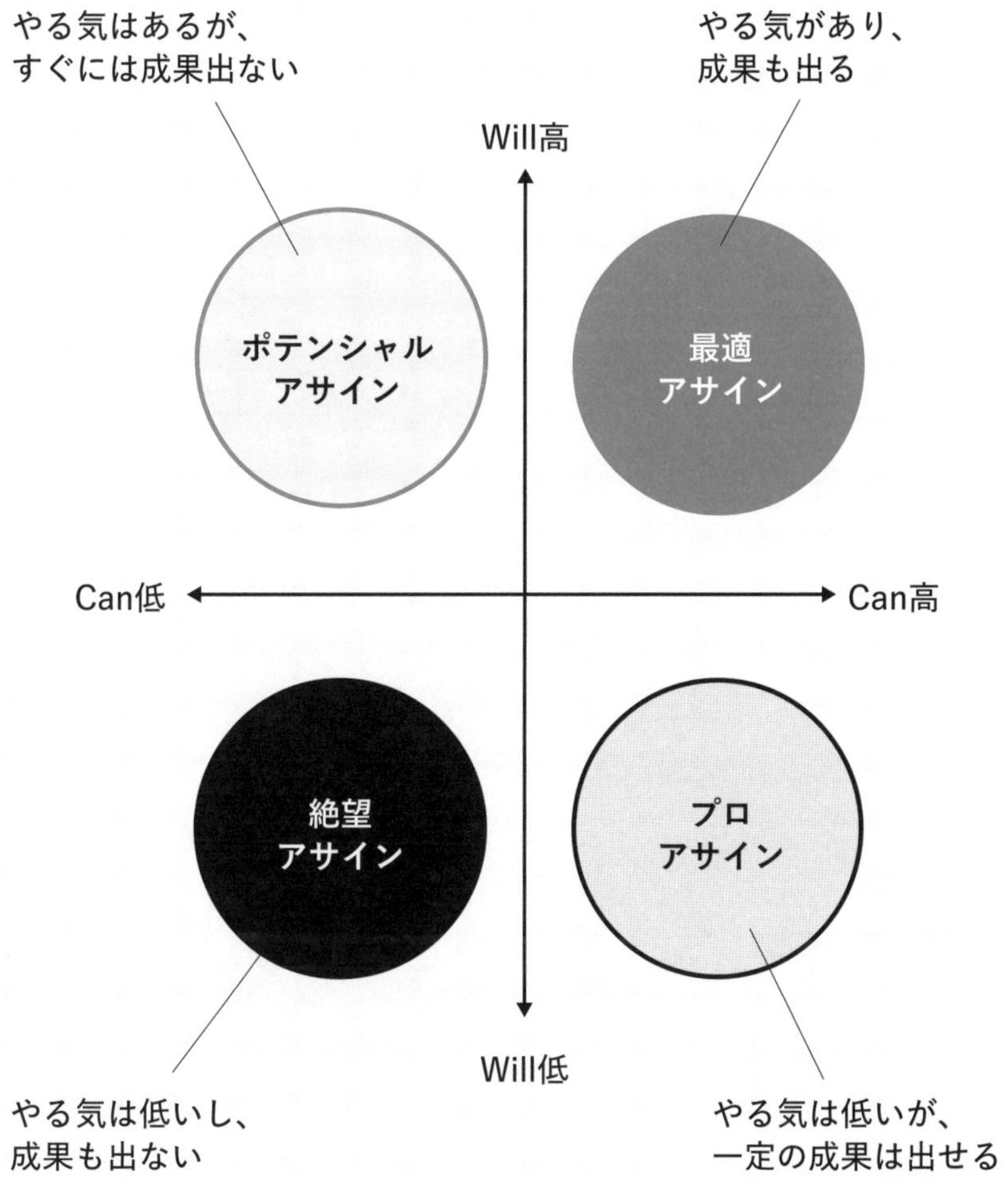

❸ポテンシャルアサイン

やる気は高いが、できるための能力がまだ足りないゾーンです。能力がまだ足りていないことを明確に伝え、マネージャーが細かく関与することをあらかじめ伝えて合意します。

❹絶望アサイン

やる気もなしい、できる可能性も低い仕事です。このアサインでは、人は辞めます。基本的には絶望アサインはおこなわないようにします。

最適アサインを目指しつつも、すべてのメンバーをそうすることは難しいと思います。ほかのアサインになる場合でも、コミュニケーションを図り、メンバーがきちんと業務に臨めるようにします。

Ｗｉｌｌへの向き合い方

Ｗｉｌｌが高い仕事であればお願いしやすいかもしれませんが、Ｗｉｌｌが低い仕事へのアサインは、メンバーに露骨に嫌なリアクションをされたりすることもあり、マネージャーにとっては憂鬱な仕事でもあります。

Ｗｉｌｌはコントロールはできませんが、アドバイスすることはできます。メンバーから「●●が

図5-7

4つのWill

キャリアアップ型Will

キャリアアップのため ××の業務がやりたい！

↓

メンバーが目指すキャリアにとって
今回のアサインで何が得られるのかを伝える

ポジション型Will

会社で重要な業務に関わりたいので、××の業務がやりたい！

↓

今回のアサインが会社にとってどんな
位置づけの業務であるかを伝える

タイプ型Will

自分は○○のタイプなので、××の業務がやりたい！

↓

マネージャーから見るとどういうタイプに見え、
なぜ今回のアサインがフィットするのかを伝える

ビジョン型Will

自分は将来○○を目指すので、××の業務がやりたい！

↓

なぜ今回のアサインがメンバーの
ビジョンにつながっているを伝える

したい」というＷｉｌｌを聞いた際は、「どうしてそれがしたいの？」と聞いてみてください。メンバーの「●●がしたい」に対し、「いや●●のほうがいいよ」なんてアドバイスしたところで聞く耳をもってもらえませんが、「●●がしたい」ことの理由に対してなら有効なアドバイスができます。

Ｗｉｌｌには、図のような４つの種類があります。

❶ビジョン型Ｗｉｌｌ

将来の夢から逆算して今やりたいことを考える

【例】起業したいので、営業よりも経営に近い業務がやりたい

❷キャリアアップ型Ｗｉｌｌ

自分なりに描いているキャリアプランの中で、今やるべきことを考える

【例】ＢtoＢマーケティングのスペシャリストになりたいので、サービスＢではなくＡを担当したい

❸ポジション型Ｗｉｌｌ

会社にとってより重要で注目が集まる業務がしたい

【例】うちの会社では営業よりマーケティングが花形なので、マーケティングをやりたい

❹タイプ型Ｗｉｌｌ

自分が考える自分のタイプに合うような業務がしたい

【例】自分は人と話すことより分析のほうが向いているので、営業よりも経営企画に行きたい

メンバーの「●●がしたい」というＷｉｌｌに対し「〇〇したほうがいい」と頭ごなしにアドバイスしても聞き入れてはもらえませんが、「Ｗｉｌｌの背景」に対してであれば、有効なアドバイスができます。

❶ビジョン型Ｗｉｌｌ

【例】起業したいので、営業よりも経営に近い業務がやりたい

↓起業したいなら営業が一番大事だよ。数字を作れないと生き残れないからね。

❷キャリアアップ型Ｗｉｌｌ

【例】ＢtoＢマーケティングのスペシャリストになりたいので、サービスＢではなくＡを担当したい

↓サービスＢのほうが規模は小さいけど、ＢtoＢマーケを1人で企画〜実行までできるので、あなたのキャリアプランには合ってると思うよ。

図5-8
Willの背景に対しては有効なアドバイスができる

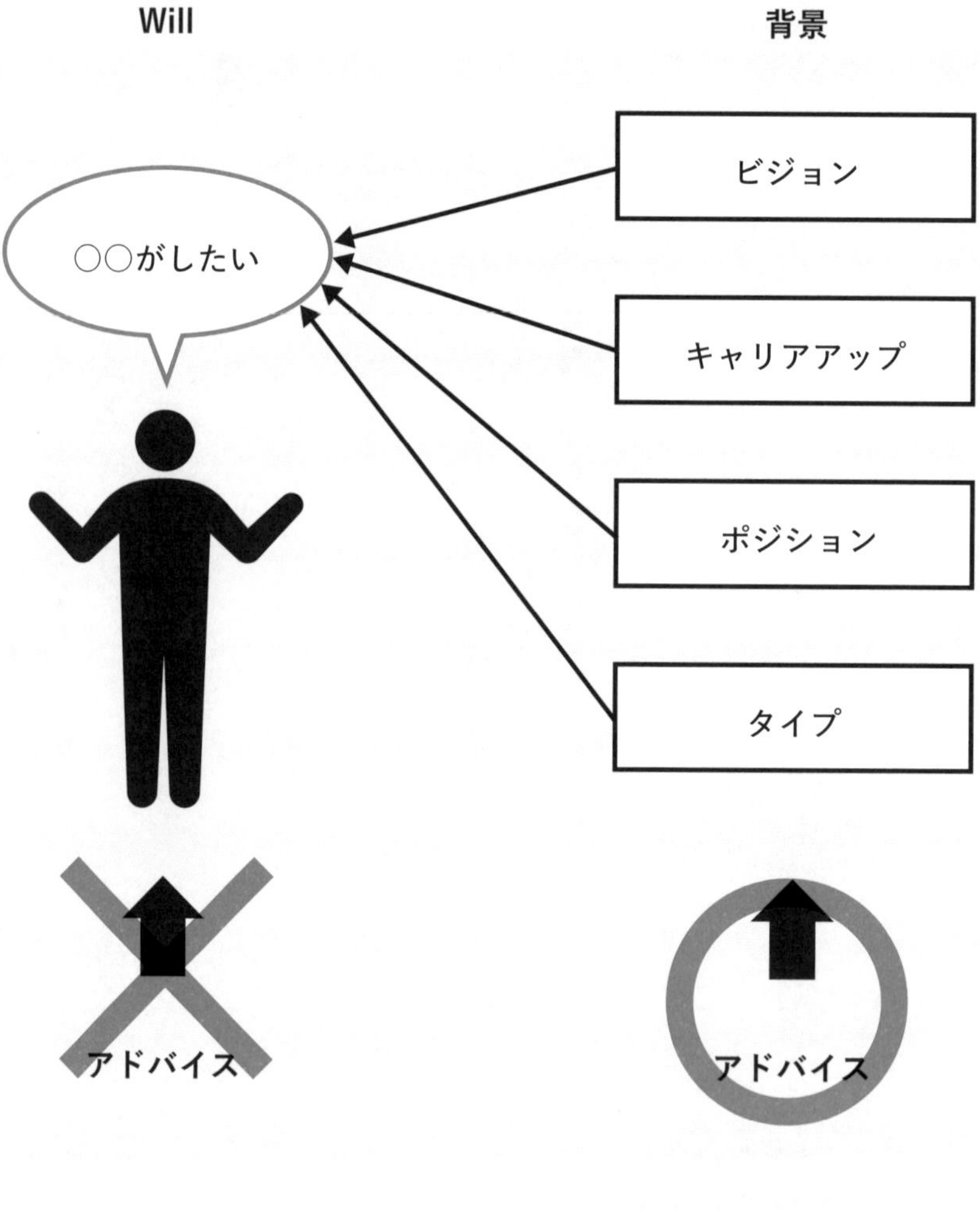

❸ポジション型Will
【例】うちの会社では営業よりマーケティングが花形なので、マーケティングをやりたい
↓それは違うね、マーケティングが目立っているけど、会社としては●●という背景があり、むしろ営業が相当重要だと考えているよ。

❹タイプ型Will
【例】自分は人と話すことより分析のほうが向いているので、営業よりも経営企画に行きたい
↓僕から見るとそうは見えないね。丁寧にロジカルにコミュニケーションができる点は、営業やその先にある事業開発の仕事にぴったりだよ。

このように、Willに対してではなく、Willの背景に対してアドバイスをおこないます。そうすることで、メンバーのWillに対して、マネージャーの観点から最適なアドバイスができます。

会社はWillを叶えるための場所ではない

メンバーのWillをじっくり聞き、それに対してアドバイスをしたうえで、最適アサインを目指したアサインをおこなうのですが、それでも最適アサインを実現することが難しい場合もあります。その時は、堂々とそのアサインを伝え、果たしてほしい責任や目標を要望してください。

会社はＷｉｌｌを叶える場所ではありません。そもそもの構造を言えば、「支払ってる給与に対して成果を残してもらう」というのが雇用関係です。そこに立ち返り、堂々と要望しましょう。

「メンバーのＷｉｌｌなど聞かなくていいです」

とはひと言も言ってません。むしろ、聞くことは非常に重要です。本当に大事なことは、メンバーのＷｉｌｌを叶えることではありません。Ｗｉｌｌを聞いて、そのＷｉｌｌをできる限り理解しようし、自分にできるアドバイスはする——このようにＷｉｌｌに向き合うことです。そのように向き合っていれば、たとえその時Ｗｉｌｌからズレるアサインだったとしても、「この人はわかってくれてるから」という信頼感のもと、メンバーはがんばれます。

同じＷｉｌｌが叶わないアサインだったとしても、わかってくれてるマネージャーのもとでその業務に臨むのか、わかってくれていないマネージャーのもとでそれに臨むのかでは、雲泥の差です。叶えるのではなく、理解しようとし、向きあいましょう。そうすることで、メンバーは仕事に気持ちよく臨めます。

アサインの一元管理とその運用

メンバーのタイプ、スキル、Ｗｉｌｌ／Ｃａｎ、アサインメントは、図のような表で管理し、変化

図5-9
アサインメントの管理表

氏名	タイプ	スキル	Will	Can	アサイン	カテゴリ
長村禎庸	甘えん坊	低	事業責任者になりたい	企画は苦手だがアクション早い	重要度低め新商品の営業立上げ	ポテンシャルアサイン

メンバー全員分記載・管理する。実行しながら
常にチューニング・最適化し、チームにとっても
メンバーにとっても、できる限りベストな体制にする

があるごとに更新しておきましょう。これを眺めながら、アサインメントの妥当性を常に確認し、メンバーの能力を最大限活かすようにします。

また、この表を元に、マネージャー同士が話し合うのもおススメです。自分のチームで活かしきれていないメンバーが他部署で活躍できる道が見つけられたり、自分の代わりにほかのマネージャーがメンバーの本音を探ってくれたり、マネージャー同士で助け合いができます。そのようなことを通じて、マネージャー同士が強固に連携し合うことは、全社のアサインメント最適化の観点からも、メンバーの能力最大化の観点からも、非常にメリットがあります。

3 権限設計

だれが何を決めるかを決めることで、チームのスピードは劇的に上がる

ベンチャーの業務は固定的なものではありません。常に流動的に変わっていきます。業務がずっと固定的で、何年も同じ業務を続けていますというチームであれば、だれが何を決めるかもきっちりと決まっていることが多いです。しかし、ベンチャーの場合は、常に業務内容が変わっていく分、都度だれが何を決めるのかを決めていかなければ、曖昧なまま業務をおこなうことになります。

だれが何を決めるのかが曖昧であれば、チームの業務スピードはかなり落ちます。「これはだれに承認を取るべきか？」とメンバーが悩む時間は非常にもったいないです。また、考えた結果

「それは私の確認を取るべきでしょう」
「そんな細かいことまで、いちいち確認してこなくていい」

など手戻りが発生することもあり、相当に非効率です。

また、だれが何を決めるのか決まっていないチームでは、結局マネージャーに意思決定タスクが集まり、マネージャーが忙殺されます。

「うちのメンバーは、何でもかんでも自分に確認してくる」

そう嘆くマネージャーさんがいますが、それはあなたがすごいわけでもメンバーがダメなわけでもなく、流動的に業務が変わる状況の中で「権限設計」という仕事を怠っているからです。

権限設計表は1時間で作る

「業務が流動的に変わり、だれが何を決めるのかも都度変わるのであれば、権限もすぐに変わるので、それに時間をかけてももったいないのでは」

そんなご意見も上がります。権限設計が数日・数週間かかるようなタスクであればごもっともですが、権限設計は「1時間程度で」やりきるのがおススメです。

この図はある営業部の権限設計表です。チームで意思決定が発生しそうな仕事を、マネージャーと主要なメンバーで洗い出してみてください。主要なメンバーも入れることがポイントです。権限設計がされてなくても、マネージャーは結局自分で多くのことを決められるので、権限設計に課題感を感

図5-10
ある営業部の権限設計表

大項目	小項目	マネージャー	チームリーダー	メンバー
商品	商品仕様	●		
	商品価格	●		
	値引き 10%内			●
	値引き 10%超		●	
	商品カスタム		●	
販売	販売戦略	●		
	チーム目標設定	●		
	個人目標設定		●	
	契約		●	
その他	交際接待費	●		
	交通費		●	

じにくいです。一方、メンバーは権限が設計されていないことで毎日困っているはずです。その困っているメンバーの状況を俯瞰的に語れる、リーダークラスの主要メンバーも交えて、決めなければいけない項目の一覧を作ります。

モレありダブりあり、粒度もバラバラ、大項目小項目のグルーピングなし、ではじめはOKです。素早く第一版を作ってしまい、あとは運用しながら徐々に綺麗なものにしていきましょう。

権限設計がなされているチームは、メンバーが自分で決められる範囲を理解したうえで自走し、マネージャーだけに意思決定タスクが集まることなく、みなが決めるべきことを決めて業務をスピーディに推進するチームになります。業務が変われば、それに合わせて都度マイナーチェンジを繰り返せばいいのです。そうして、業務が流動的に変わる中でも常に権限設計がきっちりなされている強いチームを作ることができます。

4 リクルーティング

採用はマネージャーの責任

「人事が人を採用してくれないので、目標が達成できません」

こんなことを言うマネージャーがたまにいます。これって、おかしくありませんか？チームの成果に責任を追うのがマネージャーです。そして、採用というのは、成果に最もインパクトのある施策の1つです。「採用はマネージャーではなく人事の責任」というのは、道理が通らないでしょう。チームの成果に責任を負うならば、その成果へのインパクトが非常に大きい採用もまた、マネージャーの責任であるはずです。

図のように、あるポジションの採用プロジェクトについて、マネージャーがそのプロジェクトの責任者となり、人事はマネージャーを強力にサポートするプロジェクトメンバーとなる、という立ち位置が正しいです。マネージャーは、本プロジェクトの責任者として採用という目標達成に向かって全体を統括し、人事はマネージャーに足りない専門性を補うという関係で協力しあいます。

図5-11
採用プロジェクトの体制

「チームの成果」の責任者	**マネージャー**
成果実現の重要な手法「採用」の責任者	マネージャー
採用プロジェクトのリーダー	マネージャー
採用プロジェクトの実行メンバー	マネージャー/人事

図5-12
マネージャーと人事の役割分担の例

	マネージャー	人事
人財要件策定	チームに必要な人財の要件を策定	人財マーケットの状況を踏まえたインプット
採用広報	インタビューなどに積極的に協力	全社事として業務推進
母集団形成	必要に応じてパートナー各社への説明にあたる	人財要件を叶える人をDB・エージェントなどを活用して 集める
面接	業務能力・チームフィットの見極め	基礎能力・カルチャーフィットの見極め
アトラクト	同じチームの仲間候補へ全力でアトラクト	会食・オファーなど調整業務支援

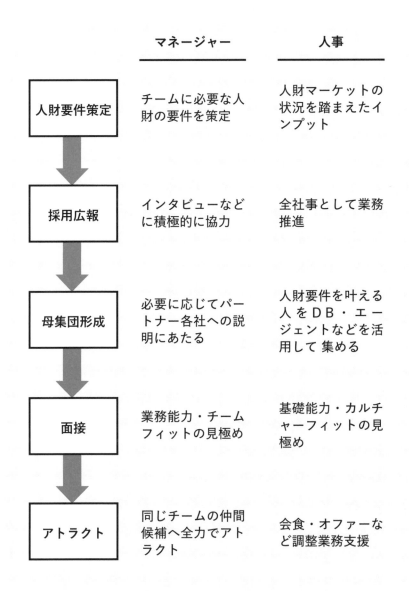

マネージャーが責任者のもと、どのようにマネージャーと人事が役割分担するのか、例を図に示します。

人財要件設定の落とし穴

マネージャーは、まず人財要件を明らかにする必要があります。人財要件はマネージャーが書き、人事がレビューします。

人財要件設定の際によく陥る罠は2つあります。

❶世の中に存在しない人財要件を設定してしまう

採用する前は「スーパーマンに入ってきてほしい」と、期待もふくらみにふくらみます。その結果、「そんな能力・経験を持っている人なんて世の中に存在しない」というような人を要件化してしまうのです。

そうならないためにも、「社内/社外でイメージに近い人」を必ず思い浮かべるようにしましょう。知り合いだけではなく、SNSでイメージに近い人を探してもかまいません。「そのような人が世の中にはいるのか?」と、1人でも思い浮かべます。

もしだれも思い浮かべることができないなら、そんな人はいないということです。いない人を求めて採用活動に勤しんでも、当然その採用プロジェクトは必ず失敗します。

❷フルタイムの社員が前提になっている

今はもうフルタイムの社員だけでチームを作る時代ではありません。個の時代です。スキルを持った人が、特定の会社だけに属することなく、いろいろな場所で、そのスキルを存分に活かせる時代です。

- 会社員として本業がありながら、空き時間や休みの時間に手伝ってくれる「副業スタッフ」
- フリーランスとして、一定の時間をコミットして業務を担ってくれる「業務委託スタッフ」
- 自分たちでは得られない知見や人脈をアドバイザーとして提供してくれる「顧問」

など、さまざまな雇用形態の方がいます。

フルタイムの社員は採用するために3カ月~長くて1年以上時間がかかってしまいますが、副業・業務委託・顧問であれば比較的早くチームにジョインしてもらえます。フルタイムの社員だけにこだわらず、さまざまな雇用形態の人を活かしたチームづくりをすることで、よりスピーディにプロジェクトを前に進めます。

ベンチャーのリクルーティングの最重要事項は「アトラクト」

ベンチャーの採用において最も重要なのは、「アトラクト」です。アトラクトとは、候補者を魅力づけし、最終的に内定を承諾してもらう、「口説く」という行為です。

ベンチャーというのは、採用ブランドが弱い組織です。有名企業でも何でもないわりに、新規性が高く難しいチャレンジをするわけですから、求める人財のレベルは非常に高いです。そうなると、内定者はほかの内定先もある人ばかりになってしまいます。

アトラクトが下手な会社は、いつまで経っても人を採用することができません。逆にアトラクトが強い会社は、引く手あまたの最終候補者をしっかり口説くことができ、優秀な人財がどんどん入社することになり、会社としても強くなります。アトラクトの強さ・弱さがそのまま会社の強さ・弱さにつながると言っても過言ではありません。

人が入社する3つの理由

人がその会社に入る理由は、大きく分けて3つしかありません。

❶ヘルプ

助けてほしいと相手から求められることが動機だと感じる人に有効です。

「当社は●●で困っているので、あなたのXXという力が必要なんだ、助けてくれ」というようなトークを展開します。

❷ビジョン

その会社や、その会社のサービスが描くビジョンに魅力を感じる人に有効です。

「●●という社会を、このサービスで実現したい」というようなトークを展開します。

❸メリット

その会社に入ることで得られる報酬、スキル、キャリアなど、自分のメリットになることに魅力を感じる人に有効です。

「●●という業務を通じて、あなたにXXのような能力が身につきます」というようなトークを展開します。

人により、刺さる内容が異なります。そこを外すと、アトラクトどころか、逆に魅力を感じなくなってしまいます。私はDeNAを退職する際、4社からお声がけいただきましたが、ハウテレビジョンは①で、その他の会社は③を押して来ました。自分はヘルプを求められたかったので、①のトークは刺さりましたが、③のトークを繰り返す会社には逆に嫌悪感を抱きました。相手の刺さるポイントを外すと、アトラクトどころではなく、自社のファンを1人失うことにもつながりかねません。どのトークが刺さるのか、慎重に見極めてアトラクトを展開しましょう。

5 相互理解とルールでチームを強くする

ここまで、構造・アサイン・権限設計という、組織の「ハード」とも言える構造設計について話してきました。また、その構造に人を入れるためのリクルーティングについて話しました。ここまでで、かなり強いチームになっていることはまちがいないのですが、このような構造設計だけではなく、チームメンバー同士の関係性の質を高める「ソフト」の設計も不可欠です。それが、「相互理解」と「ルール」です。この2つがあることで、チームメンバー同士の関係性の質が高まり、チームのアウトプットはまた一段と高まります。順番に見ていきましょう。

相互理解はチームに何をもたらすのか

チームメンバー同士の相互理解は、チームに大きなメリットをもたらします。

❶連携指示コストの低減

チームメンバー同士の相互理解度が高まれば、マネージャーがメンバー同士の連携をいちいち指示しなくても、勝手に連携してくれます。連携指示コストが減り、マネージャーは楽になります。

❷アイデアや意見の創出

チームに伝えたいアイデアや意見も、だれかと共有できて、「それいいね」とほかのメンバーの承認や励ましがあるから、マネージャーやチーム全体に発信することができます。だれにも共有できなければ、いいなと思う意見やアイデアも、その人の中でお蔵入りしてしまいます。チームメンバー同士の相互理解度が高いチームでは、アイデアや意見をお互いに承認しあい、励ましあえるので、メンバーからどんどん発信されます。

❸成長実感

相互理解度が高ければ、教えあい、学びあいが発生します。ほかのチームメンバーから学べる環境では成長実感が生まれます。ベンチャー企業に勤めようとする人は、自分の成長に貪欲な人が多いです。成長実感のある職場は、社員から選ばれ続けます。

このように、相互理解度を高めることで、チームはますます強くなります。

認知の相互理解と仲間の相互理解

相互理解には、２種類あります。

❶認知の相互理解

お互いの顔、名前、人となりは知っているというレベルの相互理解です。認知の相互理解を得るためには、次のような施策があります。

- 社員名簿
- 自己紹介プレゼン
- 歓迎ランチ・飲み会
- 相互の自己開示（これまでのキャリア、この会社でやりたいこと、将来の夢など）

❷仲間の相互理解

認知の相互理解をおこない、お互いの顔、名前、人となりがわかったとしても、それだけでは不十分です。仕事仲間としての相互理解ができたとはいえません。仕事仲間としての相互理解により信頼関係が構築できれば、お互いにより連携度が高まったり、より深い意見やアイデアが交換できます。

また、苦しい時に支えあえる関係になります。

仲間としての相互理解度を高めるには

仲間としての相互理解度を高めるためには、3つの施策があります。

❶つなげる

メンバー同士を1on1でつなげます。マネージャーがメンバーAさんに悩みを相談されたら、マネージャーからAさんに「ほかのメンバーBさんに相談してみて」と振るような感じです。その際、Aさんに対しても、Bさんに対しても、マネージャーからAさん・Bさんそれぞれのことをしっかり褒めたうえでつなげます。

そうしてお互いがお互いに良いイメージをもったうえで、1on1をしてもらいます。そこで深く仕事の話をしあった関係は、仕事仲間としての信頼関係につながります。

❷一緒に仕事をする

マネージャーとAさんだけで済む仕事であったとしても、アドバイザーとしてBさんをその仕事に混ぜます。そうすることで、AさんとBさんは「一緒に仕事をする」という体験を共有することになり、仕事仲間としての信頼関係の構築につながります。

❸共に学ぶ

社内の勉強会や社外の研修など、同じことを学び合った人同士が意見を交換するのです。同じことを学んだので、共通言語ができています。その共通言語をもって、「学んだことを職場で実践・導入するためには何をするべきか」などのテーマで意見交換をします。共通言語でスムーズに会話できる状態で仕事の会話をするので、仕事の話がかなり深くできます。

このようにして、仕事仲間としての信頼関係を構築します。

認知の相互理解を作る施策は全体発信のような「マス」施策なのに対して、仲間の相互理解を作る施策は「ゲリラ戦」であり、「コミュニティマネージャー」としての役割をマネージャーが担います。認知の相互理解を土台に、仲間の相互理解を醸成する施策を繰り返すことで、メンバー同士の相互理解度を高めます。

能力に関係なく守れることが「ルール」

相互理解と並んで重要なのが、「ルール」です。ルールというと、ルールでがんじがらめの組織をイメージし、敬遠しがちです。ルールでがんじがらめの組織が良い組織とは私も思いませんが、人が集団で動く以上、最低限のルールは必要です。ルールがあるから、いちいちこまめに注意しなくてよかったり、ルールという前提があるからチームメンバー同士は連携しやすいという側面もあります。

図5-13

2つの相互理解

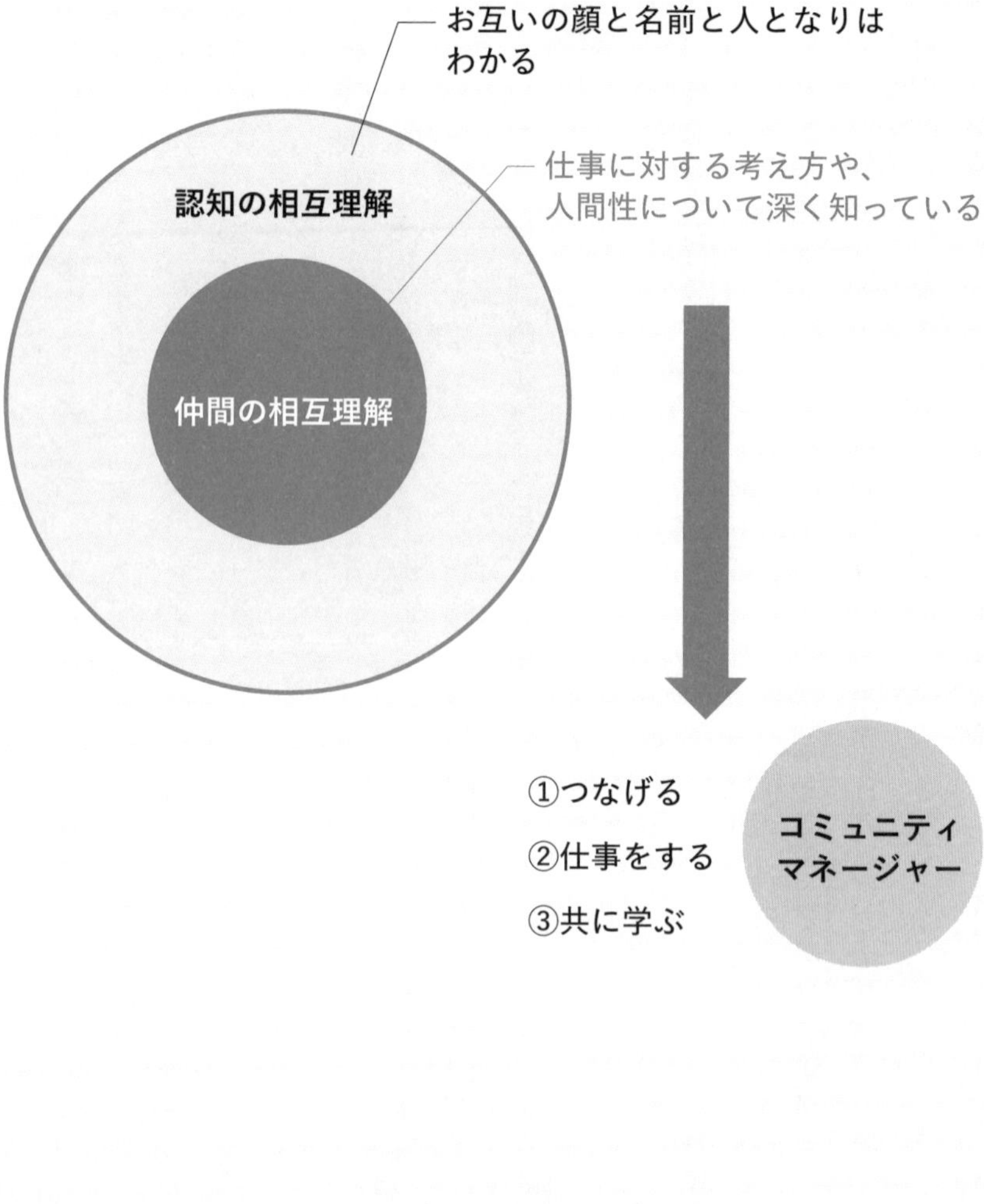
お互いの顔と名前と人となりは
わかる
仕事に対する考え方や、
人間性について深く知っている
認知の相互理解
仲間の相互理解
①つなげる
②仕事をする
③共に学ぶ
コミュニティ
マネージャー

ルールは、必要最低限でかまいません。必要最低限のルールを設定し、それを徹底的に遵守します。例としては次のようなものがあります。

- 毎朝AM10：00にチャットで勤怠報告をする
- 毎週金曜に週報を提出する
- 定例会議までに指定のシートに入力する

ポイントは、能力に関係なく守れることです。能力が必要はものは、ルールとして成立しません。なぜなら、能力が関係ある以上、だれしもが、いつでも守れるとは限らないからです。次のようなものは、能力が必要であり、ルールとしては成立しません。

- 目標は必ず達成する
- 報告はロジカルにわかりやすく説明する
- 会議では批判だけではなく、代案まで述べる

「守られることもあれば、守られないこともある」ルールなど、ルールではありません。

「うちの会社でいうルールというのは、まあ守れなくても仕方ないものだからさ」

なんてメンバー間で共有されてしまうと、絶対に守ってほしいルールまで守られない会社になります。ルールは、能力に関係なくだれでも守ることができ、かつチームの活動に必要な最低限のものを設定してください。

ルールは信頼の媒介

ルールは、チームメンバーに一律守ってほしいことを守ってもらう、いちいちマネージャーが指摘しなくて済む、という「マネジメントコストの低減」につながります。ただ、効果はそれだけではありません。ルールは、「信頼の媒介」の役割も担います。

みなが朝10：00に勤務開始報告をする、みなが金曜の終業時に週報を提出する、みなが定例会議前に指定のシートに入力する……という景色は圧巻です。ルールが1つ1つ一斉に守られるごとに、「このチームメンバーはきちんと約束を守る人だ」という信頼感がチームメンバー同士に生まれます。

約束を守ることができるという信頼関係は、非常にパワフルです。視座が高い、スキルが高い、などほかの信頼感も重要ですが、約束を守ることができるという信頼感は、最もパワフルで必要なものといえるでしょう。仕事の基本は「約束を守る」ことだからです。ルールを1回守るごとに、チームメンバー同士の信頼関係が大きく強まります。

組織の急拡大時は、相互理解とルールの強化で乗り切る

組織の5つの状況のうち、「急拡大」では、毎月のように人がどんどん入ってきます。仮に5人のチームが急拡大フェーズに入り、今後は毎月2名入社してくると考えましょう。それは、極端に言えば、5000人のチームに毎月2000人入ってくるようなもので、チームには相当な影響がありま す。ベンチャーでは、このようなシチュエーションはよくあります。仮説検証を終え大型の資金調達をおこないビジネスを一気にグロースさせる時など、ベンチャーで頻発のシーンといえるでしょう。

その時に、「一気に人を入れると組織が乱れるのでゆっくり入れていこう」というのもいいのですが、それで競合との熾烈な競争に勝てなかったり、絶好の勝機を逃してしまったりすると、元も子もありません。ベンチャーとは、「弱い会社が熾烈な戦いに勝つ」ことが求められる、非常に厳しいものなのです。

ですので、もう1段上のチャレンジとして、「一気に人を入れると組織が乱れるので、このタイミングで相互理解とルールを強化しながら急拡大を乗り切ろう」と意思決定してほしいものです。

私はDeNAが買収したベンチャー企業、株式会社ペロリ（現 株式会社MERY）の人事部長を担当していました。事業が急拡大する中、組織も急拡大させようと、正社員50名程度の組織に、半年間で80名以上の人を増員する採用をおこなったことがあります。しかも、80名は全員、バックグラウンドも年齢もバラバラの中途入社です。その時は、「組織が乱れるから」と急拡大を諦めるのではなく、

組織が乱れることを想定したうえで増員を断行し、それに耐え抜くために相互理解のための施策やルール設定を強化することで乗り切りました。

そのような規模でなくても、5名のベンチャーが半年で10名になるなら、立派な急拡大です。急拡大は、規模の大小はあれ、ベンチャーでは避けては通れない道です。「急拡大時に何もしなければ必ず組織は乱れる」という前提に立ち、だからこそ相互理解とルールを強化することで急拡大を乗り切るのです。それが、マネージャーの腕の見せどころです。「組織が乱れるのでゆっくりいこう」では、一流のベンチャーマネージャーとはいえません。

第6章

戦略と組織を動かす「推進システム」を作る

1 チームを推進する5つの仕組み

戦略、組織を作り、いよいよチームの活動がスタートします。自分1人であれば自分でやろうと思ったことをやればいいだけなのですが、チームで動くにはその動力を生むシステムが必要です。チームを推進するための、5つの仕組みがあります。

①進捗の可視化（チームの主要な活動がどのように進んでいるのか、常に見えるようにする）
②情報共有（チームメンバーの業務効率や意思決定の質を引き上げる情報を共有する）
③報告（知るべき人に知るべきことが、適切なタイミングで伝えられるようにする）
④議論（1人では生めない解を、複数人の議論により生めるようにする）
⑤意思決定（決めるべきことが決められるようにする）

この5つの仕組みをチームに装着することで、作った戦略・組織が動き出します。マネージャーは、この仕組みをデザインし、戦略、組織が機能するようにしなければなりません。

チームは「自分のお城」ではなく「会社という生態系の一部」

マネージャーになると、「このチームの責任者は自分だ」という気持ちが強くなりすぎ、「このチームのことはすべて自分が決めるし、成果に責任を負うのは自分なので、口出ししないでほしい」というマインドになり、外からは見えない自分のお城「ブラックボックス」を作りがちです。当事者意識や責任感が強い人ほどこの傾向に陥りがちで、かくいう私もブラックボックスを作りがちなマネージャーでした。

しかし、チームの外＝上司や他部署との関係の中で成り立っているのがチームであり、チームは「自分のお城」ではありません。会社という大きな生態系を担う、一機能でしかないのです。生態系の中で活きる一機能であれば、当然チーム外と連携したり、情報を見える化しておかなければなりません。チームの外が動けなくなるからです。自分のチームは自分の城でも領土でも国でもありません。生態系の中で活きる一機能として、自分のチームの機能を果たしつつ、ほかの機能や生態系全体が繁栄するためには、「口出ししないでくれ」とブラックボックスにするのではなく、開かれたチームづくりが必要です。

5つの仕組みを提供すべきステークホルダーは、「自部署」だけではなく、「他部署」「上司」も含めた3者です。この3者に5つの仕組みを装着し、生態系の機能の一部としての責務を果たします。

図6-1
チームが動く5つの仕組み×3つのステークホルダー

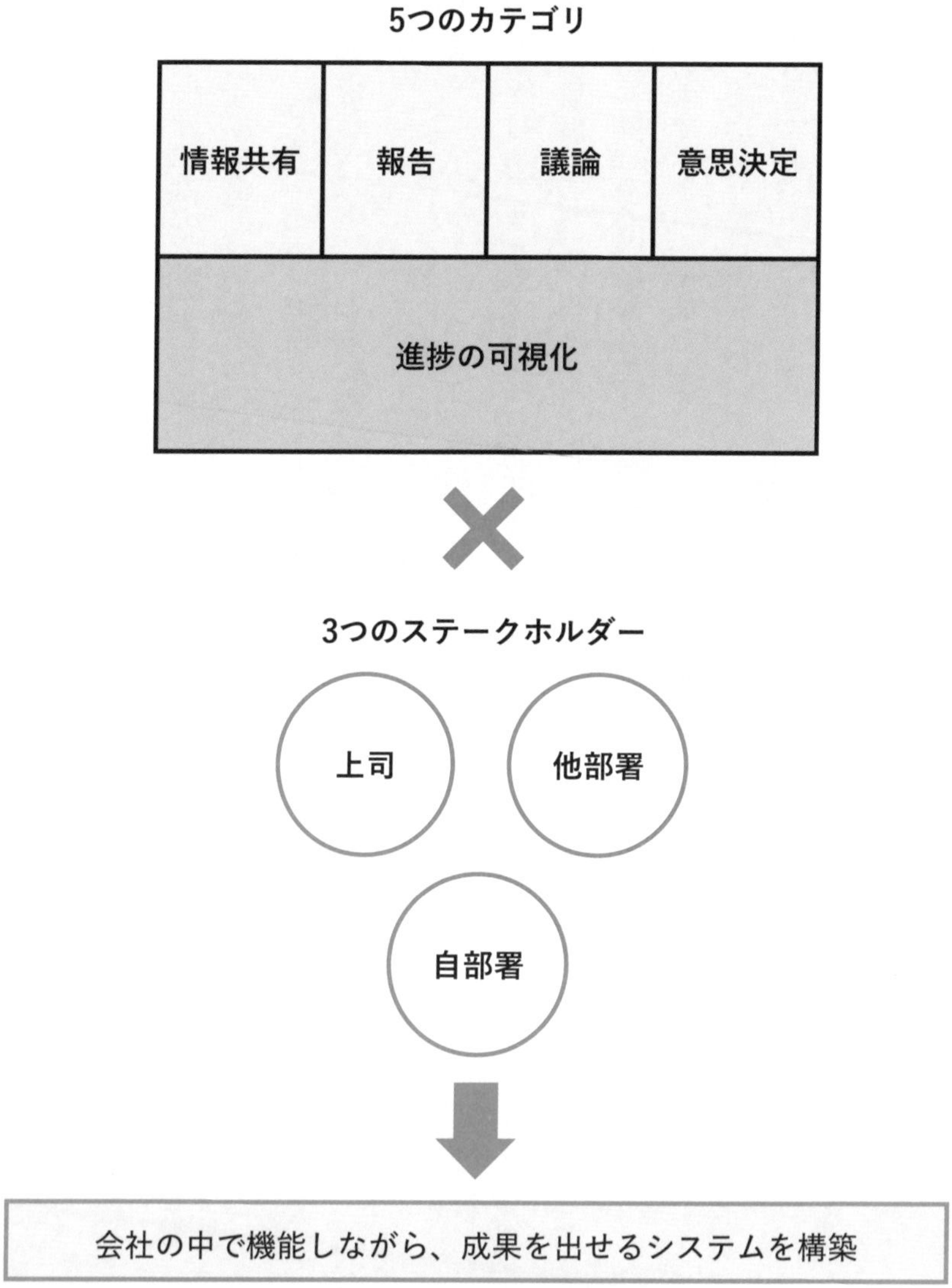
5つのカテゴリ
情報共有
報告
議論
意思決定
進捗の可視化
3つのステークホルダー
上司
他部署
自部署
会社の中で機能しながら、成果を出せるシステムを構築

①進捗の可視化

可視化すべき項目は、戦略のパートで学んだ「方針・ＫＰＩ・重要アクションの進捗」です。チームの重要事項がどのように進捗しているのか、常に見える化しておくことが、チーム活動の基本です。この進捗が見えていると、チームメンバーは自分が今どのように動くべきかを自分で判断できます。

可視化の方法としては、頻度高く更新されるスプレッドシートや議事録、ＫＰＩであればダッシュボードやチャットツールのｂｏｔ機能を活用してもいいかもしれません。方針・ＫＰＩ・重要アクションを常にメンバーが見れる状態にし、チームの最新の状況をメンバーが把握しているような状態にしましょう。

②情報共有

チームメンバーやステークホルダーの情報量が同レベルに近づけば近づくほど、お互いの思考の質は高まります。できるだけその状態に近づけるよう、チームメンバー同士も、チーム間でも、情報を共有しあいます。

情報共有すべきものは、自社内の周知事項はもちろん、競合に関すること、市場に関することなどさまざまです。外部のことに関しては、自分が見聞きしたことや、記事などで仕入れた情報などを共有しあいます。

たくさんの情報が発信されあうチームはいいのですが、そのすべてを見るのは難しいと思います。共有する情報は、次の3つに分かれます。

①絶対に見ておいてほしいこと
②参考までに、興味があれば見ておいてほしいこと
③今見なくても、見たい時にあればいいもの

❶絶対見ておいてほしいこと

【例】
- 自社の新サービスのプレスリリース
- 新しい福利厚生制度
- 人事異動

❷参考までに、興味があれば見ておいてほしいこと

【例】
- 自社のサービス企画に参考になりそうなニュース
- 良い学びがあるYouTube動画

・自社サービスが属する市場の成長予測記事

❸今見なくても、見たい時にあればいいもの

【例】
・会議の議事録
・ある作業のマニュアル
・他チームの週報

①については、チャットでメンションをつけたり、会議を設定して相手に共有されるようにします。チャットで送る際は、読んだことを示すスタンプなどリアクションを求めたりします。

②については、チャットなど特にストック性のない場所に情報共有チャンネルを作り、そこに流していきます。すべての人に全部見ることを期待せず、興味のある人に届くよう共有するものです。

③については、業務の引き継ぎや振り返りの際に活用するものになるので、記録としてストックしておき、必要な時に必要な人が見返します。ドキュメントツールなどストック性が高いツールで残しておくといいでしょう。

「情報共有しても、だれも見てくれないんです」と憤慨する人がいますが、共有している情報は①、②、③のどれでしょうか？　それぞれが共有される場所を作り、それぞれに適した活用がされるチームを作りましょう。

③報告

報告とは、「相手が知りたいことを、相手が求める形式で」伝えるものです。進捗の可視化や情報共有と異なるのはこの点です。進捗の可視化や情報共有は、相手が求めるか否かを強くは意識せず、自チームの状況や知見を開示するという意味で、発信者主体の編集でおこなわれるものです。一方、報告は「受信者が求めることを、受信者が求める形で」おこないます。

たとえば、マネージャーとその上司のやりとりで次のような例はよくありますが、正しいのは「上司」です。

上司「●●の状況について、現状・課題・対策という形式でまとめて報告してほしい」
マネージャー「それなら、このスプレッドシート見ておいてください。全部書いてますから」
上司「いやいや、進捗はわかるんだけど、僕が知りたいこと全部はわからないよね。きちんと『現状・課題・対策という形式で』まとめてほしいんです」
マネージャー「えっ……見ればわかるじゃないですか。正直忙しくて手が回りませんよ」
上司「このスプレッドシートを解釈して、自分の意思決定に活かすということを、私が一からやるのですか？　それは違いますよね」
マネージャー「（う～ん……見ればわかるんだけどな……）」

マネージャーの主張する「見ればわかる」というのは、その業務に精通しているからこそ、ですね。その業務を普段おこなっているわけではない上司からすれば、そのスプレッドシートに書いてること以上のことが知りたいと考えるときもあるでしょう。あるいは、読んだだけだと不明な点も多かったりすることもあるでしょう。だから、「報告」を求めているのです。報告は、受信者が知りたいことを届けます。受信者である上司や他部署は、自分の求める形で報告が上がってきてはじめて、自分の領域で正しい業務や意思決定ができます。その連続が「良い生態系」を作ります。

報告方法や内容について議論することは大いにかまいません。できる限り効率的におこなうべきことだとも思いますし、その観点でお互いに良いやり方を模索するのは大事なことです。その認識を前提として持つことは素晴らしいのですが、「自分は伝えるべきことを伝えてるんだから、それでいいでしょ」というのはまちがっています。報告は、チャットや会議など、「受信者が求める形式で」できる限り効率的におこないます。

④議論

議論は何のためにするのでしょうか？　それは、1人で生めない解を生むためです。

「答えは決まっているが、議論という儀式を通じて、メンバーの納得感を醸成しよう」

「自分で考えるのはめんどくさいから、みんなを巻き込んで考えさせよう」

そういう意図をもって利用する形式ではありません。自分だけでは考えられない、いろいろな意見を交換して、そこから自分だけでは生めないアイデアを生むために議論するのです。

議論は、チャットではおこないません。議論は同意見だけ話し合われても何の意味もなく、そこに反対意見も出るから、その反対意見も踏まえた新しい意見が出てきます。しかし、反対意見をチャットで交換すると、どうしても言い回しが難しかったり、感情的な対立に捉えられかねません。本人同士も険悪になりますし、それを見ている周囲もひやりとした気持ちになったり、業務に手がつかなかったりするでしょう。「議論はMTGの場のみ」形式はこの一択です。

議論が成立するには、次のような注意点を心がけます。

❶少人数

議論は、大人数では成立しません。議論といいつつ話さない人が増えれば増えるほど、議論は盛り上がりません。話している人の温度感まで下がってしまうからです。みなが当事者意識をもって積極的に参加できる人数規模としては、3～4名程度、多くても5名程度が限界だと思います。

❷同レベル

議論に参加する人の能力、情報量などに圧倒的な差がある場合は、議論に入れない人が出てきてしまいます。事前にこれらがそろっているかどうか、そろっていないのであれば補う工夫（事前に情報共有の資料を送付するなど）をおこない、「同レベル」のメンバーで開催できるかどうかを確認します。

❸人と意見の分割

「人と意見は分けましょう、そうしないと反対意見が言いにくくなります」というのはビジネス書にもよく書かれていることですが、「そりゃわかってるよ、でも難しくない？」というのが本音です。これはどこまでいっても難しい。怖い社長に、堂々と反対意見を言えるか？　言うほうも言われるほうも多大なる努力が必要です。

かんたんに試せてかつ効果的な方法は、「議論を可視化する」ということです。リアルで開催する会議ではホワイトボードを使ったり、議事録をモニターやオンライン会議で映しながら話したり、オンラインのホワイトボード機能を使うなどの方法があります。ホワイトボードをうまく描くのはそれなりに難易度が高いので、議事録を映す方法が、書くほうも見るほうもやりやすく効果的だと個人的には考えています。多くの意見が交わされ、ヒートアップしそうな議論であれば、このような方法で人と意見の分割を図ります。

このような注意点を考慮しながら、重要なポイントで「1人では生めない解を生む」議論をうまく活用しましょう。

⑤意思決定

チームのさまざまなことについて、「決める」という行為が発生します。決めない限りアクションは生まれないわけで、チームの活動は、この「決める」という行為の連続で成り立っている言っても過言ではありません。意思決定の仕組みには、次のパターンがあります。

❶「だれか」が決める

だれかに決定権限を付与し、その人が決めるようにします。前章の「権限設計」の部分が重要になります。

❷「会議」で決める

何かを決める際に、だれかの独断ではなく、必ずある会議を通し、議論を経て決める形式です。これには、さらに2つのパターンがあります。

①会議の中でだれかが決める
②合議で決める

1つめの場合、AかBかが選択肢としてある中で、議論ではBが有力だという意見が多かったけれど会議の中の意思決定者が「A」と決めるようなこともあります。その時、議論の参加者の中には「いやいや、結局Aにするなら議論しても無駄だったじゃないですか」と言う人もいますが、それは違います。AかBかを真剣に議論する中で、意思決定者もさまざまな思考をすることができ、その結果Aに達したのです。たしかに決めるのは意思決定者ですが、「独断で」決めるのではなく「会議を経て」決めることで、同じAに決めるにしても、その決定理由や決定後の運用方法は変わるはずです。難易度の高いことや影響が大きいものについて、意思決定者は会議にかけることでじっくり深く思考し、最後の決断をおこないます。「最後は意思決定者が決めるが、最初からは決めない。時間が許すまで議論して思考したい」という時に、この方式を採ります。

2つめは、会議の中でだれが決めるかを決めずに、全員が合意することで決めるというものです。この形式では時間も読めず、かつ全員が合意するのは非常に難易度が高くなります。一方、全員が合意したものであれば、その後の推進は非常にパワフルに進みます。「会社のビジョンを経営陣みんなで合宿を通じて決める」など、本当に全員が合意したほうがよさそうなことに絞って、時間の余裕をたっぷりとって開催するといいでしょう。「意思決定後の批判が怖いから合議に逃げよう」という理由だったり、「意思決定者をはっきり決めると角が立つので」という理由で合議形式を採用すると、決めるべきことがいっこうに決まらず、よって何のアクションも生まれず、成果の出せない組織に成り下がるので注意が必要です。

2 ミーティングマネジメント

ミーティングの設計で必要な6つのこと

５つの仕組みを見てきましたが、この５つの仕組みを推進するにあたり、「会議」からは逃げられそうにありません。推進システムの動力の中心は会議といっても過言ではないでしょう。

その会議ですが、次の６点を言語化し、設計します。会議というのは、非常に多くの人を巻き込みます。複数人×数分～数時間が、チームの総労働時間から投資されることになるのです。その投資に対する効果を最大化するためにも、会議は丁寧に設計します。

①目的（その会議は何のためにおこなうのか）
②目標（その会議が終わった時の状態はどのようなものなのか）
③アジェンダ（どんなアジェンダにすべきか）
④参加者（必要な参加者はだれか）
⑤頻度（必要な頻度はどのくらいか）

図6-2

主要な会議を一覧にしておく

▶○：継続　△：アジェンダ・参加者変更　×：頻度・時間の変更、もしくは廃止

会議名	マーケ部定例			
目的	マーケ部全体の動きを報告・共有			
目標	全員がマーケ部の動きをわかっている状態			
アジェンダ	・デジマ報告 ・SEO 報告 ・イベント報告			
参加者	全員			
頻度	週 1			
時間	1 時間			
評価	△			
コメント	資料の共有だけで良くないか？			

主要な会議ごとに作成し一覧化し、チューニングする

⑥時間（必要な時間はどのくらいか）

これらを言語化した際に、違和感を感じたならば改善しましょう。その会議はきっとうまくいきません。

マネージャーは、図のようにチーム中でも特に投下コストが大きそうな主要な会議を管理しておき、常に最適な状態にチューニングします。

ベンチャーでは、常に状況が変わります。今最適化されたとしても、来週、来月も最適かどうかはわかりません。常に管理し、状況に合わせてチューニング、もしくはスクラップ&ビルドを繰り返し、チームの労働時間という、目標達成のための大事な資本を無駄使いすることなく、有効活用していきます。

推進システムの設計を怠ると

ここまで、推進システムについて見てきました。推進システムの設計を怠ると、あらゆる問い合わせや意思決定依頼がマネージャーに集まります。それは忙しい反面、精神的には充実感を感じることもあります。

「自分は、持てるすべての力を注いで、忙しく仕事をしている」

「自分は、みんなに頼りにされている」

そのような、非常に心地よい状態でもあります。マネージャーが忙しい状態に耐えることができ、むしろ精神的に充実感を味わっているなら、ますます推進システムの構築を怠ります。

その時、チームメンバーや上司、他部署はどのような状態なのでしょうか？

チームメンバー「マネージャーの●●さんが全然つかまらないので、彼の意思決定待ち状態で仕事が進まない、大迷惑」

上司「マネージャーの●●さんがきちんと報告を上げてくれないので、事業部全体の意思決定の質が下がる、大迷惑」

他部署「マネージャーの●●さんが部署間ルールをきちんと決めないので、うちの部署の負担が大きい、大迷惑」

このような状態です。

そして、忙しいな、頼られてるな、と精神的な充足感を味わっているマネージャーは突然、「マネージャーを外れてください」と言われるのです。そう、何を隠そう、このマネージャーは昔の私です。

そもそも、自分のお城なんだから口出ししないでほしいとブラックボックスを作り、推進システムの構築をしなかったがゆえに口出しもされずに、みんなから求められ頼られ、何もかも自分で決め、最高に充実した日々でした。外された時は相当ショックでしたが、なぜ外されたのか、明確ですね。

マネージャーは、ある領域について責任と権限を持ち、メンバーを持ち、まるで一国一城の主になったかのような錯覚を覚えますが、それは違います。会社という大きな生態系の中で、ほかの機能とも多分に連携して影響しあう、一機能でしかないのです。これは、経営陣であっても同様です。役員やCXOで構成される「経営チーム」というのも、大きな生態系の中の一機能でしかありません。すべてのチームは、推進システムの構築に気を配り、大きな生態系の連携効果を最大化させる必要があるのです。そのような会社が素晴らしいアウトプットを生むことになるでしょう。

経営陣を含む各マネージャーが、図のような推進システムを作り、整理しておくことをおすすめします。

図6-3
推進システムを整理する

テーマ	ツール / 手法	to 自部署	to 他部署	to 上司
進捗の可視化	シート	目標・方針・KPI・重要アクションのシート	目標・方針・KPI・重要アクションのシート	目標・方針・KPI・重要アクションのシート
	ダッシュボード	KPI ダッシュボード	KPI ダッシュボード	KPI ダッシュボード
	チャット	KPI の bot	KPI の bot	KPI の bot
共有	チャット	情報共有チャンネル	情報共有チャンネル	情報共有チャンネル
	チャット	各自の分報	各自の分報	各自の分報
	その他	訪問議事録	訪問議事録	訪問議事録
報告	会議	週 1 のグループ会議		週 1 の上司 1on1
	会議	週 1 のリーダ－会議		
	シート		グループ会議・リーダー会議の議事録	グループ会議・リーダー会議の議事録
	その他		グループ会議・リーダー会議の議事録	グループ会議・リーダー会議の議事録
	会議	月 1 の本部マネージャー会	月 1 の本部マネージャー会	月 1 の本部マネージャー会
議論	会議	週 1 のリーダー会議	月 1 の A マネージャー 1on1	週 1 の上司 1on1
	会議	週 1 の B リーダー 1on1		
	会議	週 1 の C リーダー 1on1		
	会議	重要 PJT は適宜議論		
	会議	月 1 の本部マネージャー会	月 1 の本部マネージャー会	月 1 の本部マネージャー会
	会議	Q1 のリーダー合宿		
意思決定	会議	週 1 のリーダー会議		
	会議	リーダー起案の適宜精査・意思決定（ヘビー）		
	チャット	リーダー起案の適宜精査・意思決定（ライト）		
	会議			週 1 の上司 1on1

第7章

初期の成果とモメンタムをつくりだす

1 初期の成果を早めにあげる

「任せれば大きな成果を出せるんだ」と事実をもって説明する

第2章の現状把握でも出てきましたが、マネージャーが最初におこなうべきは「初期の成果」を早めにあげることです。マネージャーが担当領域の成果をあげるためには、会社から信頼され、権限を多くもらい、リソースをたくさんもらうことです。しかし、信頼も権限もリソースもはじめからもらえるわけではありません。上司のスタイルを把握したうえで、初期の成果をあげるのです。初期の成果があがっているのを見て、上司は「このマネージャーならば信頼できるな」と考え、権限・リソースを信頼できるマネージャーに預けます。

だれしも、人のスタイルに合わせて仕事をするより、自分のスタイルで仕事をするほうが、良い結果は出しやすいものです。初期の成果をあげ、上司からの信頼を勝ち取り、自分のスタイルによるチーム運営に移行します。そして、権限やリソースがたくさんあるほうが、自分のスタイルをより拡張できます。

こう話すと、「何か政治的だな。マネージャーのスタイルで任せたほうがいいというなら、はじめからそうすればいいのではないか」というご意見もあるかもしれませんが、それは違います。そもそも、最初に成果が出ていないのであれば、上司も、そしてマネージャー本人も、「力がある」とどのようにしてわかるのでしょうか？「やれる気がする」だけでは、上司に、そして何より自分に、自分がやれる理由が説明できない状態です。上司にも自分にも、「自分に任せれば大きな成果を出せるんだ」と事実をもって説明するのです。それが「初期の成果」になります。

初期の成果は「狙って」あげる

成果にも4種類あります。図を見てください。

結果というのは、何らかのKPI・KGIのような指標を達成する、あるいは何かが完成するなど、「アウトプット」的な成果になります。この「結果」をいきなり出すのは、非常に難易度が高いです。正解が見えているなら話は別でしょうが、ベンチャーではそもそもどのように結果を出すか、その正解探しから始まります。正解を探し当てて結果を出すというのは、短期では非常に難しいです。中長期的に野心的な結果を狙う場合も同様、そうかんたんに出るものではありません。

一方、行動というのは、何らかのアクションのことを指します。これであれば、短期的にすぐに変えられるところはたくさんあります。

- 会議体を整理した

図7-1

4種類の成果

	重要な行動変化	結果
中長期	**中長期的な行動変化** 例) ・プロダクト開発スピードが○倍になった ・新規事業が次々に出せるようになった	**中長期的な結果** 例) ・既存事業のビジネスモデルを変革し、収益が○倍になった ・サービスを構造的に変え、新規会員数が○倍になった
短期	**短期的な行動変化** 例) ・情報共有が活発におこなわれるようにした ・進捗の可視化がわかりやすくなった	**短期的な結果** 例) ・短期で新収益源を作った ・短期でできる改善でDAUを○%上げた

- 情報共有が活発におこなわれるようにした
- 進捗の可視化がわかりやすくなった

このように、短期的に変えられることはたくさんあるはずです。これも立派な成果です。まだ「結果」は出ていなくても、今までとは見違えるようなプロセスに様変わりしたチームを見れば、上司の信頼は徐々に高まります。このように、短期的な行動にフォーカスして「初期の成果」をあげて、信頼・権限・リソースを徐々に獲得しながら短期の「結果」を狙い、そして中長期での「行動」を変えながら中長期の「結果」を狙うのが、マネージャーの成功のロードマップになります。

2 モメンタムを生む

野心的な目標を達成するには「モメンタム」が必要

初期の成果をあげることと並行して、「モメンタム」を生みにかかります。「モメンタム」というのは、チームの中に流れる、「自分たちは必ず成功できる」と信じる気持ちから生まれる「勢い」のことです。「自分たちならば、この野心的な目標を達成できるぞ」という、チーム全体に流れる自己効力感です。

モメンタムがあるチームは、メンバーの自己効力感が非常に高い状態です。そのようなチームは、苦しい時も暗くならずにみんな踏ん張れますし、アイデアも活発に出ますし、動きも素速いです。そういうチームならば、より成果に近いはずです。

モメンタムがないチームは、雰囲気が暗く、苦しい時には弱音がたくさん出て、それがチームメンバー1人1人の自己効力感を下げます。自己効力感の低いメンバーからは良いアイデアも出ませんし、動きも遅いです。そのようなチームは、野心的な目標を達成するスタートラインにも立てていないといえるでしょう。

チームが野心的な目標を達成するには「モメンタム」が必要なのです。

「モメンタム」の正体とは

では、このモメンタムはどういう時に生まれるのでしょうか？
結果が出たら自然に出てくるものであって、結果が出るまで粛々とやるしかないのでしょうか？
あるいは、結果が出ていなくても「イケるぞ〜！」と気合の言葉をかけ合うことで生まれるのでしょうか？

違います。モメンタムというのは、「野心的な目標に日々近づいているなという実感」です。成果がまだ出ていなくても、この実感があればモメンタムは生まれます。この実感創出と関係ないかけ声や飲み会などの盛り上げ施策は無意味です。目標に近づいている実感を生むことで、モメンタムが出ます。

「野心的な目標に日々近づいているなという実感」は、「目標を達成するための方針・ＫＰＩ・重要アクションが進捗している実感」とも言い換えることができます。第2章で学んだ野心的な目標と意義を設定し、それを達成するために、第3章で学んだ目標・方針・ＫＰＩ・重要アクションを設定し、その進捗をメンバーにプレゼンテーションするのです。直接的なプレゼンテーションには次のような方法があります。

図7-2
「目標に近づいている実感」がモメンタムを生み出す

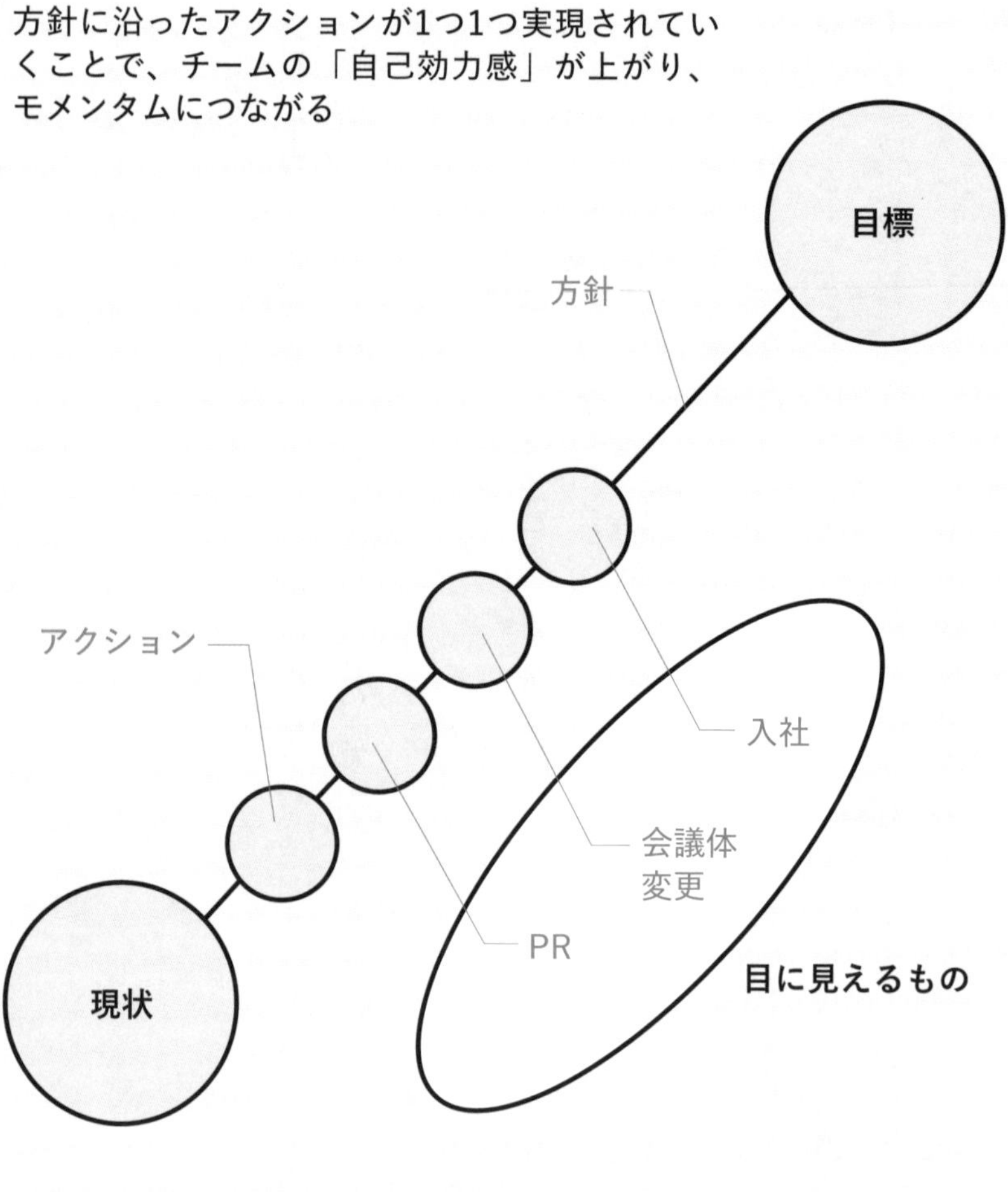
方針に沿ったアクションが1つ1つ実現されていくことで、チームの「自己効力感」が上がり、モメンタムにつながる
目標
方針
アクション
入社
会議体
変更
PR
目に見えるもの
現状

- 週に一度チームで集まり、方針・ＫＰＩ・重要アクションの進捗を共有する
- １on１の場でマネージャーから、メンバーに進捗を話す
- マネージャーから、週報で方針・ＫＰＩ・重要アクションの進捗をチームメンバーに伝える

方針・ＫＰＩ・重要アクションの進捗を伝える３つの方法

間接的に、しかし強力に方針・ＫＰＩ・重要アクションの進捗を伝える演出的な方法もあります。

❶目に見えるものを変える

【例】
- 座席を変える
- 会議体を変える
- 新しいツールを入れる
- チームで使うＺｏｏｍの背景を変える

このように、方針・ＫＰＩ・重要アクションを実現するための手段として変えるべきもののうち、目に見えるものを変え、視覚的にその進捗や、進捗への期待感が感じられるようにします。

❷外部にチームの取り組みを発信する

【例】

・チームの取り組みをプレスリリースにして配信する
・採用広報記事を配信する
・マネージャーがブログを書く

このように、方針・ＫＰＩ・重要アクションを実行した中で発信できるものがあれば発信します。外部発信ですが、ターゲットは「チームメンバー」です。外部の人がだれも見ていなくてもかまいません。自分たちの取り組みが外に発信されている様子を見て、方針・ＫＰＩ・重要アクションの進捗を実感し、チームにモメンタムが生まれるのです。

❸新しく関わる人を増やす

【例】

・副業・業務委託・顧問を採用する
・インターンを採用する

フルタイムの社員を採用するのは時間がかかるため、方針・ＫＰＩ・重要アクションを実現するために必要で、かつすぐにジョインしてもらえる、副業・業務委託・顧問を採用します。新しい人が関わると、方針・KPI・重要アクションの進捗への期待感がわかりやすく上がります。

加えて、フルタイムでなければ、採用される側も会社選びのハードルが下がるので、比較的ハイレベルな人に関わってもらえることもあります。それこそ、業界で有名な人に関わってもらうことも夢ではありません。自社にはいないようなハイレベルな人が関わってくれることで、メンバーの中で目標達成への期待感は高まります。

また、インターンであれば、比較的早く、かつ安価に採用できます。インターン生は、社会人にはもっていない視点を提供してくれたり、社会人が忘れていた熱意を思い出させてくれます。

ハウテレビジョンでは、「外資就活ドットコム」という就活生向けサービスを運営していた関係で、多くのインターン生が働いていました。私は、彼らこそが当時のモメンタム創出の主役だったように思えます。COOに着任し、方針・KPI・重要アクションを立てて全社に説明した後は、インターン採用を一気に増やし、あらゆるチームに配置しました。彼らは独自の視点でアイデアをくれ、社会人である私たち顔負けの熱意をもち、社員が忘れかけていた仕事への情熱を取り戻してくれました。

あらためて整理すると、モメンタムというのは「野心的な目標に日々近づいているなという実感」であり、「目標を達成するための方針・KPI・重要アクションが進捗している実感」です。まだ大きな成果を出せていなくても、この実感をチームメンバーに強く持ってもらうことでチーム内にモメンタムが発生し、野心的な目標の達成へとチームを導いてくれるのです。

成果を勢いに変える方法

成果が出ていなくてもモメンタムが生めることはお話ししましたが、もちろん、成果が出ればさらにモメンタムは強くできます。意外だと思うでしょうが、せっかく成果が出ているのにモメンタムが出ていないチームもよくあります。なぜでしょうか？

それは、「成果が出ていることをメンバーが知らない」からです。マネージャーの説明不足です。チームの成果が出ていることは、チームの成果を管理するマネージャーであれば当然わかっているのでしょうが、メンバーは必ずしもマネージャーと同じようにわかっているとは限りません。にも関わらず、「当然わかってるでしょ」とマネージャーが説明を怠れば、メンバーは成果が出ているチームの状況を知る由もありません。

あるいは、「メンバーに説明しようとはしているが、その説明が非常にわかりにくい」ということもあります。

「社内資料や説明に時間をかけるなんてもったいない」

そう言う方もいますが、目的次第です。結果をわかりやすく伝えてモメンタムを生む、それが目的であれば、メンバーに成果がきちんと伝わるような社内資料を作ること、そしてメンバーにじっくりと成果報告をすることに時間をかけるのはもったいないのでしょうか？　私には随分リーズナブルで効果絶大な施策にしか思えません。

成果が出ているなら、きちんとわかりやすく伝えましょう。成果が出ても、そういうことに労力を割かないと、モメンタムが生まれないこともあるのです。そして、モメンタムを失ったチームは、せっかく出ているその結果を感じることなく、「ただただ疲れた」という疲弊感だけを感じます。結果を維持することもできないでしょう。

第8章

改善で継続的に成果を出し続ける

1 答えのないベンチャーでは、変化し続けるチームが勝つ

「このまま同じことを続けて、望む成果は得られそうか？」を問う

ここまで、把握した現状をもとに、チームの活動をスタートさせるためのポイントを見てきました。

- チームの役割・目標・意義を設定する
- 方針・ＫＰＩ・重要アクションを設定する
- チームのハード・ソフトを設計する
- 推進システムを構築して運用する
- 初期の成果とモメンタムを創出する

何度も言いますが、ベンチャーは新規性が高く、答えの見えないプロジェクトに臨むチームです。これらを設計して活動をスタートすると、そこからは毎日が学び・発見の連続です。中には

「考えていたアクションがうまくいかなさそうだ」
「考えていたチーム体制が思うように機能しなさそうだ」

など、ネガティブな発見もたくさんあります。せっかく考えたのにそれがうまくいかず残念な気持ちになることもありますが、がっかりする必要は一切ありません。ベンチャーとは「そんなもの」です。新規性が高いことにチャレンジしているなら、むしろあたりまえともいえます。

大事なのは、最初から正解を作ることではなく、「新しい学び・発見を活動に反映させ、今の活動を柔軟に変化させられるかどうか」です。マネージャーは、常にこう自問してください。

「このまま同じことを続けて、望む成果は得られそうか？」

答えがNOであれば、活動を見直しにかかります。

答えが「わからない」であれば、「もう少し様子を見よう」ではありません。「YES」と言い切れるように、活動を見直しましょう。それが、たとえ方針や体制を作って翌日、であったとしても躊躇なく変えます。

答えがNO、もしくはわからない、なのに明日も同じことを続ける理由などあるでしょうか？

資金的にも競争力的にも余裕のある会社であれば、チームをかき回さないためにも少し今のまま様子を見て、など悠長に構えられるかもしれませんが、ベンチャーでは話が別です。資金も少ない、中長期的な競争力を獲得しているわけでもない、そんな弱い組織に、様子見している時間はありません。答えがNO、もしくはわからない、のであれば、躊躇なく活動を見直します。

振り返りをおこない、マネジメントシステムに反映させる

活動を見直すには、まずこれまでの取り組みの振り返りをおこないます。良かったこと、改善すべきこと、それぞれ自由に洗い出してみてください。それほどカテゴリ分けなど意識する必要はありません。思いつく限り、自由に出します。

そして、それらを踏まえて活動の改善案を考えます。改善案は自由に出すのではなく、「マネジメントシステム」に合わせてロジカルに整理します。ここでいう「マネジメントシステム」とは、本書で説明してきたマネジメント項目です。

- 役割
- 目標
- 意義
- 方針
- ＫＰＩ
- 重要アクション

図8-1

振り返りの例

<table>
<tr><th>良かったこと</th><th colspan="2">改善案</th></tr>
<tr><td rowspan="7">・役割を「自チーム単体での事業立ち上げ」から「全社リソースを活かした事業立ち上げ」に変えたことで、既存事業の営業チームから多くのレクチャーを受け販売が加速した

・顧客ニーズにマッチする機能・価格が定義できた

・新しいチーム体制がうまく機能している</td><td>役割</td><td>変更なし</td></tr>
<tr><td>目標</td><td>変更なし</td></tr>
<tr><td>意義</td><td>変更なし</td></tr>
<tr><td>方針</td><td>「顧客 B 群に web マーケを活用して販売」という方針を追加</td></tr>
<tr><td>KPI</td><td>顧客 B 群リード 100/ 月</td></tr>
<tr><td>重要アクション</td><td>「Web マーケの代理店選定」を追加</td></tr>
<tr><td>組織体制</td><td>B 群向けマーケチームを新設</td></tr>
<tr><td rowspan="5">改善すべきこと

・顧客 A 群に注力する方針だったが、顧客 A 群だけでは売上目標に到達しそうにない

・価格の決裁権限が曖昧で、結局すべてマネージャーが決めていることで顧客への見積もり提出が遅い

・部定例が単なる報告だけにも関わらず週 2 回とかなり頻度多く、準備も大変</td><td>アサインメント</td><td>山田さんと佐藤さんを新設チームにアサイン</td></tr>
<tr><td>権限設計</td><td>価格の決済権限を整備</td></tr>
<tr><td>リクルーティング</td><td>セールス 1 名追加採用</td></tr>
<tr><td>ルール / 相互理解</td><td>変更なし</td></tr>
<tr><td>推進システム</td><td>部定例を隔週 1 回に変更</td></tr>
</table>

- 組織体制
- アサインメント
- 権限設計
- リクルーティング
- 相互理解
- ルール
- 推進システム

これらの項目別に、改善案を書き出します。もちろん、すべての項目について改善しなくても大丈夫です。1つでも改善項目があるなら、どの項目を改善すべきかを書きましょう。これは、改善ポイントを「正確に」「完全に明確に」するためです。改善ポイントをまちがえると、うまくいっている部分を変えてしまい、かえってチームにマイナスの影響を及ぼしてしまいます。どこをどう変えるのか、「正確に」「完全に明確に」しましょう。そして、マネジメントを改善しましょう。

2 良い答えを生むための方法

トップダウンとボトムアップ

振り返り〜改善案出しまでのプロセスですが、２つの方法があります。

❶トップダウン

マネージャー単独、もしくはマネージャーと主要なリーダークラスメンバーで、このプロセスを実施します。

メリットとしては、振り返り〜改善までスピーディにおこなえる点が挙げられます。

デメリットとしては、メンバーが深く理解して完全に腹落ちするまでは時間がかかる場合もありえることです。

答えの仮説がある程度見えており、トップだけで考えることが可能だと思える場合は、このやり方がいいでしょう。

❷ボトムアップ

メンバー主体で考えるワークショップを開催したり、メンバーのみの検討プロジェクトを発足させ、メンバーの意見を中心に振り返り～改善まで実施する方法です。

この時、マネージャーは変にワークショップやプロジェクトに介入しません。マネージャーが見えていない現場の意見をしっかり取り入れ、トップダウンでは生めない解を生むことが、この方法を採る一番の目的です。そのためには、マネージャーの意見や存在そのものが邪魔になることがあります。マネージャーは一定期間は介入せず、メンバーがだれにも遠慮も忖度もせず話し合える環境づくりをおこないます。マネージャーがもし関わるとすれば、ファシリテートに徹することです。

メリットとしては、先に述べたように、マネージャーが見えてない現場の声や感覚が反映されることです。そこから、思いもよらない改善案につながる可能性があります。

デメリットとしては、メンバーがじっくり議論するプロセスであることから、時間がかかることです。また、改善項目のすべてに関して議論をすることは難しいです。特に、チーム体制やアサインに関わる部分はメンバーだけでは決められないことも多いので、本プロセスを採るならば、「戦略の見直し」「推進システムの見直し」など、メンバーだけで案を出せるテーマに絞っておこなう必要があります。

マネージャーだけでは有効な答えが生めそうにない時に、この方法は有効です。

トップダウンを放棄したから生まれた成果

私自身の経験を少しお話させてください。ハウテレビジョンには取締役として入社しました。入社前にコンサルとして約半年間関わっていたこともあり、「こう改善すれば必ず業績は伸ばせる」という自信がありました。

入社して、野心的な目標設定〜方針・KPI・重要アクション〜チームビルディング〜推進システムの構築まで、トップダウンでぐいぐい進めました。初期の成果を残せたこともあり、社長もどんどん権限を渡してくれました。モメンタムも生みました。そして、定期的に学習をおこない、振り返り〜改善までもトップダウンでおこないました。早く決めて、早く動いて、早く失敗して、早く学んで、早く改善して……を高速で回したのです。

着任から1年程度は、KGI・KPIともに順調に伸ばすことができました。しかし、2年目に差しかかった際、まさに上場の直前期（N－1）で、事業計画も必達でいかなければならない頃、2カ月連続で大幅に計画を外してしまいます。しかも、今後も計画は右肩上がりになっていて、到底到達できそうにありませんでした。ハウテレビジョンを上場させることはビジネスマンとしての大きな目標だっただけに、上場できないのかと思うと自暴自棄になりました。これまでたった1年とちょっとでしたが、社員に批判されようが嫌われようがどんどん取り組みを推進してきただけに、上場が見えなくなることによるショックは大きなものでした。

収益の本丸である営業部は当時、私が部長を兼務していました。ある営業のリーダーから「営業の戦略、どうしていきましょうか」と聞かれたので、「知りません」と答えました。「人に嫌われてまでぐいぐい進めて、結果上場できないのであればもうどうでもいい」と思い、そのように答えたのです。営業部長である私が投げやりになっているので、営業部はそのリーダーを軸に体制を組み直し、営業手法を見直し、取り組みをはじめました。何を報告されても「いいのではないでしょうか」と答えました。中身は何も聞いてませんでした。ただただ、ぼーっとしてました。

そうしたところ、翌月から突然業績が上がりました。ここでは施策の中身まではくわしく述べませんが、はじめはなぜ業績が上がっているのか、リーダーに聞いてもよくわかりませんでした。彼らが考えに考え、僕だったら絶対にやらないことを次々と実行していった結果です。よく考えれば、ずっと社内にいてお客さんのところに行くわけでもなく、自分で商品を売るわけでもない私が考えたことよりも、よほど良いアイデアだったのだと思います。

その後、目標の高い事業計画を見事達成し、未達だった借金もしっかり返し、当初立てたスケジュールどおりに、文句なしの上場を成し遂げるのです。自分が諦めたことが功を奏したことになりました。

継続的に成果を出し続けるために必要なこと

この経験から、「ベンチャーで継続的に成果を出し続けるために必要なことは何のなのか」ということについてよく学びました。着任時のように、改善ポイントが明確で、やればやるだけ成果が出るようなタイミングでは、トップダウンの方法は有効です。逆に、このタイミングでボトムアップにしてしまうマネージャーは、「メンバーが怖い」だけです。「反発されたらどうしよう」と及び腰です。まずはメンバーに頼る前に自分の頭でしっかり考えて、それで成功する自信があるなら堂々とトップダウンで立案～振り返り～改善のサイクルをぐるぐる回します。

しかし、1年経って伸びが鈍化、横ばいになった時には、私の場合はやる気を失って意図せずたまたまトップダウンを放棄したことで、自分の限界をメンバーが突き破り、新しい施策でさらなる伸びを実現できました。本来は、「意図してボトムアップに切り替える」べきでした。そうすれば、もっと早くリカバリーできたと思います。横ばいを続けることなく、ずっと右肩上がりを続けられたと思います。

横ばいが続き、ボトムアップが必要なタイミングでも、まだトップダウンに拘るマネージャーは自分を過信しすぎです。横ばいである、伸ばせていない、という「事実」から目をそむけてはいけません。自分のトップダウンで、自分のアイデアで伸ばせる状況ではなくなったのです。自分の能力の限界が来たのです。その限界を謙虚に受け止め、ボトムアップにクイックに切り替えます。そうして、答えが見えたあとは、再びトップダウンでスピーディに物事を進めます。

「マネジメントはトップダウンで進めるべきだ」「マネジメントはボトムアップで進めるべきだ」とマネージャーのスタイルの流派のようなものを決める議論がよくありますが、私から言わせれば、その議論自体が無意味です。トップダウン派もボトムアップ派もなく、「今どちらで振り返り～改善をおこなうべきか」を見極めることこそがマネジメントです。これを操ることができれば、横ばいや低減を経験することなく、ずっと成果を出し続けるマネージャーになれるはずです。

第9章

個人目標設定で成長のきっかけを与え、評価で努力に報いる

1 個人目標設定と評価こそがメンバーのエネルギーの源泉

タフな業務だからこそ、評価は最重要

変化が激しく、新しくて野心的な目標を掲げるベンチャー企業では、メンバーの業務も非常にタフなものになります。時間的な負荷はもちろんですが、頭脳も目一杯使います。そういうタフなアサインメントをしておきながら

「いちいち評価を求めるなんて、ベンチャーらしくない」
「評価なんてされなくても、自分の意思でがんばれ」

と評価を雑にする経営者・マネージャーの方がいますが、私からすれば意味不明です。メンバーをうまく利用しようとしているようにしか見えません。

経営者・マネージャーの最大の関心事はチームの成果でしょうが、メンバーの最大の関心事は「評価」です。それは、「がんばったから給与をあげてほしい」という願いもあるでしょうが、それ以上に、

「がんばったのでフィードバックがしっかりほしい、そのフィードバックが自分を成長させるエネルギーになる」という願いも大きいでしょう。

特に、資金が潤沢にあるわけでもなく、事業価値もまだ未確立である大半のベンチャーでは、昇給や賞与でメンバーに報いるには限界があるかもしれません。だからといって評価をおざなりにするのではなく、だからこそ評価をしっかりおこなうのです。給与で報いることができなくても、せめてメンバーの成長の大きなきっかけを与えることを狙い、しっかりと評価をおこない、メンバーの努力に報いるのです。それが、ベンチャーで働くメンバーの、ひいては会社そのもののエネルギーの源泉となります。

ベンチャーだからこそ評価は丁寧におこなう、その丁寧なプロセスについてお伝えします。

個人目標を設定するから、人は自分ごととしてがんばる

目標には2つの目標があります。「個人目標」と「チーム目標」です。前者は個人に対して目標を設定し、後者は個人に対しては目標を設定せずチーム全体の目標を個々人が協力しあって追うというものです。

後者で目標設定をすると、どうしても目標が自分ごとに感じられなかったり、振り返りをする際に自分の成長余地が見つかりにくかったりします。やはり、目標は「個人」のレベルまで落とし込んで設定します。そうすることで、メンバーが仕事を自分ごとだと感じて仕事に臨むからこそ、自分の成

長余地が発見でき、自己成長につながります。

評価活動の目的は2つあります。

❶メンバーの飛躍的成長の実現

評価という結果とセットでフィードバックされる内容は、普段の業務で受けるフィードバックとはまったく重みが違います。評価や、それにひもづく給与などとセットでフィードバックされた時に、メンバーはそのフィードバックを重く受け止めます。

個人に対し目標設定をし、その結果に対して評価をするというこの一連の「評価活動」は、メンバーにとって最大の成長機会であり、クオーター（四半期）や半期に一度訪れる「成長のボーナスタイム」です。この機会を逃さず、しっかりと評価活動をおこない、メンバーを最大限成長させ、チームの戦力を高めることがマネージャーには求められます。

❷メンバーの本質的なモチベーションの向上

評価活動は、メンバーの本質的なモチベーションの向上にもつながります。評価とセットでフィードバックされる「成長課題」こそが、モチベーションの源泉です。評価が良かろうが悪かろうが、それに一喜一憂してもらうだけでは意味がなく、次はどうすればさらに良い評価が得られるのか、「成長課題」を丁寧に説明します。そうすることで、メンバーが次に目指すべき姿と、そこに到達するために克服すべき課題が明確になります。

メンバーは、自分が何をすべきかがわかるので、モチベーションが上がるのです。

「どうすればもっと評価されるのか?」

「その先にどうすれば、自分のやりたいことができ、なりたい姿になれるのか?」

それがありありとわかることで、「次もがんばろう」と思えるのです。

メンバーのご機嫌をとったり、きちんとした評価から逃げてメンバーも文句を言わないような適当な評価をすることがモチベーションアップにつながるからではありません。それは表面的な、ただの「ご機嫌取り」です。そんなものは、メンバーのためにも会社のためにもなりません。

2 評価活動のプロセス

評価は「納得解」

評価活動の具体的プロセスをお話しする前に、大事な前提があります。それは、評価は「納得解」であるということです。人間が人間を評価するわけで、「評価ロボット」のような完全に正確に評価を下してくれる便利な道具などありません。

かつ、評価は複雑です。最も単純な方法が「成果のみで評価する」という方法ですが、それでさえ、数値で表現できないような成果目標であれば、評価はやはり困難を極めます。

完全に正確な答えのような評価ができない以上、評価は「納得解」です。メンバーがその評価に「納得」し、受け止め、そこから成長課題を設定し、モチベーションを向上させることができれば、評価は成功です。解の正確さよりも、その解に対するメンバーの納得感が重要です。

図9-1
評価のプロセス

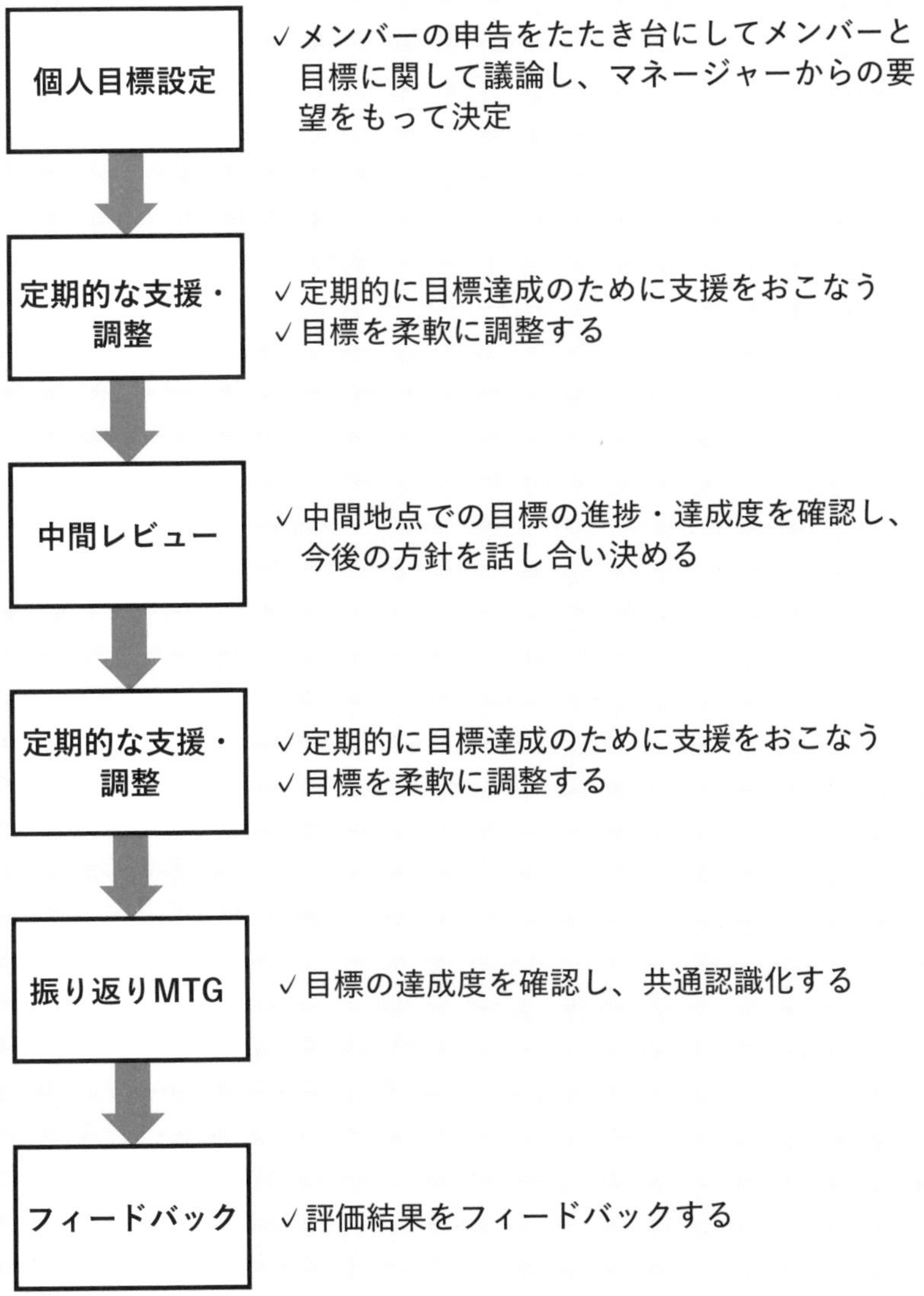
個人目標設定
✓メンバーの申告をたたき台にしてメンバーと目標に関して議論し、マネージャーからの要望をもって決定
定期的な支援・調整
✓定期的に目標達成のために支援をおこなう
✓目標を柔軟に調整する
中間レビュー
✓中間地点での目標の進捗・達成度を確認し、今後の方針を話し合い決める
定期的な支援・調整
✓定期的に目標達成のために支援をおこなう
✓目標を柔軟に調整する
振り返りMTG
✓目標の達成度を確認し、共通認識化する
フィードバック
✓評価結果をフィードバックする

目標を決める

それでは、1つ1つのプロセスを見ていきましょう。「納得解」を生むための評価プロセスです。

まず、目標を決めます。目標の決め方は、マネージャーから一方的に「これだから」と提示するのではなく、メンバーの自己申告をベースに、マネージャーとメンバーが議論をして決めていきます。マネージャーから一方的に目標を通達されるよりも、まずは自分の意見を聞いてもらってからのほうが、その後のメンバーの納得度が高まるからです。

目標設定面談は2回おこないます。

1回目

メンバーの自己申告の説明を聞き、その後マネージャーから要望をぶつけます。

要望をぶつけたうえで、目標の再考を指示します。

2回目

メンバーが再考した自己申告を聞き、それを受けてマネージャーから目標の要望をします。

この要望を、そのまま目標とします。

メンバーからの自己申告をしっかり聞くのですが、目標を要望するのはあくまでマネージャーです。チームの成果に責任を持つマネージャーに、そのチームの成果を構成するメンバー1人1人の目標を決める権限があります。目標は、メンバーではなくマネージャーが決めます。しかし、いきなり目標を通達するのではなく、メンバーの考えを聞いたうえでの要望であれば、メンバーも自分の意見を聞いてもらえた分、納得度が高まります。

業務支援と1on1を通じてメンバーを支援する

目標を設定した後は、その目標達成をマネージャーが支援します。支援の方法は2つあります。

❶業務を通じた支援

業務を通じて、メンバーに指示をしたり、教えたり、機会を作ったり、議論したり、レビューしたり、ともに手を動かしたり……など、あらゆる業務接点においてメンバーの目標達成を支援します。

❷1on1を通じた支援

1on1で求められるコミュニケーション技術（ティーチング、コーチング、フィードバック）は第11章でくわしく述べますが、このような技術を用いてメンバーの達成を支援します。

1on1の目的は、この「メンバーの目標達成支援」にあります。1on1の目的をよく理解しないまま実施しているマネージャーが非常に多いですが、目的なき1 on 1はマネージャーにとってもメンバーにとっても時間の浪費でしかなく、お互いにとって何のメリットもありません。「何となく顔を合わせて話すことが大事だから」のような曖昧な目的で実施してしまっては、お互いの30分なり1時間なり貴重な時間を無為に過ごしてしまいます。1 on 1の目的をはっきりさせましょう。

目標は「チャレンジゾーン」で

目標のレベルには、コンフォートゾーン、チャレンジゾーン、パニックゾーンの3つがあります。

コンフォートゾーンは、本人が特にストレッチしなくても楽に目標達成ができるゾーンです。このゾーンで目標を設定し、達成したところで、本人は特に得るものはありません。

パニックゾーンは、目標達成の方法が到底わからないゾーンです。このゾーンでは、メンバーは「自分の無力さを痛感して残念な気持ち」「マネージャーや周囲に申し訳ないという気持ち」「周囲から責められているような気持ち」など、自尊心を傷つけるような心理状態に陥ります。そうすると、心身ともに不調を来します。

目標は、チャレンジゾーンで設定します。これは、手が届くギリギリのラインでの目標です。「達成がまったく想像できないわけではないが、確実に想像できるわけでもない」というラインです。このラインで目標設定をすることで、人はエネルギーレベル高く業務に臨めます。

図9-2
3つのゾーン

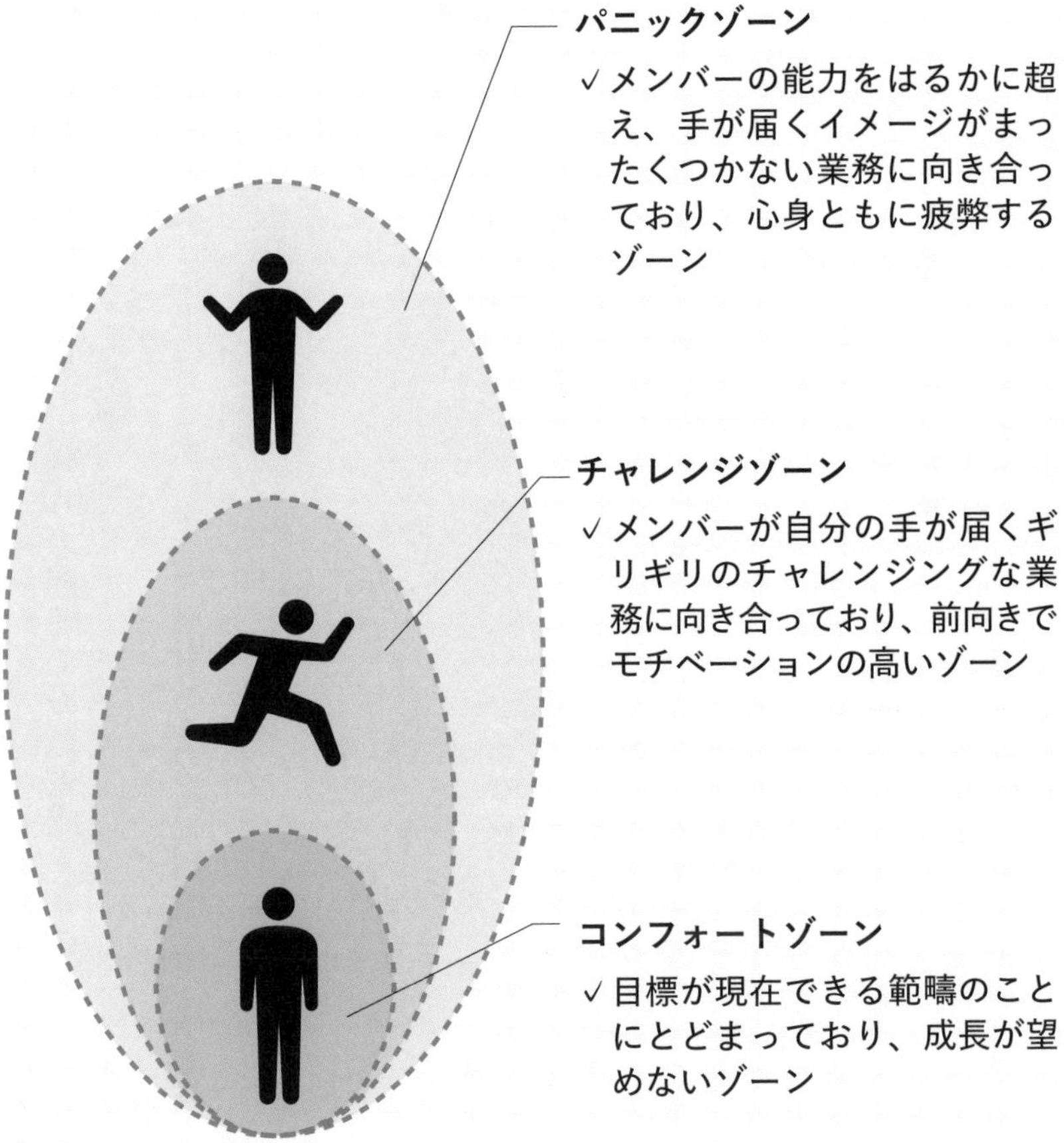
パニックゾーン
✓メンバーの能力をはるかに超え、手が届くイメージがまったくつかない業務に向き合っており、心身ともに疲弊するゾーン
チャレンジゾーン
✓メンバーが自分の手が届くギリギリのチャレンジングな業務に向き合っており、前向きでモチベーションの高いゾーン
コンフォートゾーン
✓目標が現在できる範疇のことにとどまっており、成長が望めないゾーン

中間振り返りをおこない、残りの期間で目標達成できるように支援する

目標達成を目指す期間の真ん中あたり（例：半期評価なら3カ月経過時）で、中間レビューをおこないます。中間レビューの目的は、「残り半分の期間で目標達成できるようにする」ことです。次のようなことをおこないます。

❶現在の進捗を正しく認識してもらう

立てた目標に対して、今どこまで来ていて、残りはどれくらいなのか、ペースとしてはどうなのか、目標に対する現在値を正しく認識してもらいます。

数値で測定可能な目標であれば一目瞭然ですが、数値で測定できない目標であれば、この認識確認は必須です。メンバーは、この機会に改めて現在地を認識することになります。

目標達成は、「正しい現在地の認識」から始まります。これがないと、これから何をすべきかがわからないはずです。

❷これまでの学びを言語化し、武器に変えてもらう

これまでの期間、目標を目指して仕事をする中で、さまざまな発見・学びがあったと思います。それは、メンバーが目標達成するための大事なラーニングであり、武器です。しかし、せっかくの武器

も、言語化しないと、必要な時に自分の武器庫から取り出せません。その言語化を支援し、メンバーの学びを自らの武器に変えてもらいます。

「うまくいったこと、いかなったこと、それぞれどのようなことがあったか？」
「目標達成に活かせる学びはどのようなものがあったか？」

そう問い、メンバー自身に言語化してもらいます。

❸達成に向けた方針・アクションを設定する

正しく認識された現在地、そして目標達成に使える武器の整理が済んだところで、このあとどのように目標達成していくのか、その方針とアクションを設定します。

「では、目標達成に向けて何をしていきますか？」

そう問い、メンバー自身に目標達成の方法を考えてもらいつつ、必要であればマネージャーからも方法を教えたり、議論の相手になったりします。

このように、中間レビューを通じて、残り半分でしっかり目標達成できるよう、メンバーを支援します。

達成度の認識についてすり合わせる

評価期間が終わり、いよいよ評価をおこないますが、評価に入る前に、まずはメンバーと達成度の認識についてすり合わせます。目標設定と同様、メンバーの自己評価とそう考える理由を聞いたうえで、マネージャーからフィードバックをおこないます。最終的な評価ではないものの、マネージャーがメンバーの達成度についてどう考えているかについてコメントをします。

なお。面談は1回でOKです。メンバーの自己評価について、「この点は認める」「この点は認識が違う」とはっきりコメントします。

3 コメントは「事実に基づいて」おこなう

評価についてコメントするうえでのポイントは、そのコメントが「事実に基づいて」おこなわれているかどうかです。それでメンバーの納得度は相当変わります。

3つの評価軸と事実の記録

会社により評価制度は異なり、じつにさまざまなものがあるかと思いますが、評価軸としては概ね次の3つに収斂されるのではないでしょうか?

- 成果（定量あるいは定性で、評価期間の目標が達成できたかどうか）
- 能力（どういう能力を身に付けたか）
- バリュー（自社で定めるバリューをどう体現したのか）

ベンチャーの場合、プロジェクトの新規性が高く、成果の予測が立て辛いです。その中で「成果」

だけを評価軸にしてしまうと、社員が野心的な目標設定をおこなわず、保守的で予測可能な範囲の手堅い目標しか持たないということが起こります。よって、能力やバリューによる評価軸を入れる会社も多いとも思います。

成果であれば、普段特に観察していなくても、期末の成果を見ればわりと明確に評価がわかります。しかし、能力やバリューは、普段観察しておかなければ何もフィードバックできることがありません。メンバーの自己評価に何か意見があったとしても、メンバーとしては受け入れられないでしょう。観察した事実を元にフィードバックする必要があります。

事実に基づかないフィードバック

【例】チーム全体への貢献については非常に消極的だね

事実に基づくフィードバック

【例】●●定例では何も意見を言わないように、チーム全体への貢献については非常に消極的だね

後者であればメンバーも納得しやすいですが、前者であればメンバーは「どこが?」「何を根拠に?」と思い、納得し辛いです。

図のように、メンバーの能力評価・バリュー評価に関する「事実」を毎日ストックします。自分がわかればいいので、メモ程度でかまいません。あまりきっちり書こうとすると気持ちが折れてしまう

図9-3

能力評価・バリュー評価に関する「事実」を毎日ストックする

加藤花子	
事実	記録日
5 分遅刻	4/2
戦略立案 good	4/4
部定例で他チームに質問、good	4/6
定例で不機嫌	4/12
報告ＭＴＧリスケ 2 回目	4/16
チャットで依頼方法が雑	4/20
リリース期日どおりに作ってない	5/8
KPI 管理シート good	5/10
部全体への組織改編提案、good	5/15
来 Q 戦略 good	5/25
評価に時間かけていない	6/3
目標設定ちゃんとしていない	6/7
自主的に勉強会開催、good	6/10
チャットで議論はじめ炎上	6/12
目標の最後の追い込み、good	6/18

・1 日 5 分程度でいいので、その日の事実のうち評価に関連しそうなものを収集

・自分が事実を思い出すトリガーになるメモで OK

↓

毎日続けることが大事

ので、毎日1人あたり1～3分程度で記載してください。これが数か月分溜まれば、非常に有効なフィードバックができます。

正しく上申する

マネージャー自身（役員であれ社長であれ）が最終評価者ではなく、最終評価は人事や役員を交えた評価会議で決まることになることは多いと思います。マネージャーは、その評価会議で自分のメンバーの取り組みと評価案が正しく伝わるように上申しなければなりません。自分が評価会議に参加できない場合はなおさら、そのことが重要です。

上司に口頭で説明するだけではなく、文章やデータを付して、上司が完全に理解するまで説明し、上司の質問に答えます。上司が評価会議できちんと説明できるよう、ベストを尽くします。最終的な評価は評価会議で決まるので、その結果については受け止めるべきですが、メンバーの取り組みが正しく伝わらないまま評価を下されたならば、メンバーの納得解にはつながらず、結果、評価活動の目的であるメンバーの成長やモチベーション向上にもつながりません。最終結果を下す権限がなくとも、評価会議に正確な評価が伝わるよう、マネージャーは全力を尽くしてください。

評価をフィードバックする

評価会議を経て最終的に出た評価をフィードバックします。評価会議で出たコメントも含めて、図のような文例に従い記載します。ポイントは次の3つです。

❶事実を元にコメントする

先にも述べたように、コメントは「事実を元に」おこないます。納得解を生む最大のポイントが、この方法です。

❷結果だけではなく、成長課題がわかるようにする

文例のように、結果とその理由だけではなく、「良かった点」「さらに求めたい点」といった評価理由の詳細、そしてアドバイスや期待など、メンバーが成長課題を認識できるように記載をします。

❸必ず文章で提示する

評価に関するフィードバックは、抽象的な文言がどうしても多くなったり、伝えるべき要素も評価結果・理由・成長課題提示と非常に多いので、口頭だけではメンバーは理解できません。必ず文章に落とし込み、メンバーが読み返してマネージャーと対話できるようにします。

■さらに求めたい点

- 成果目標未達成の見通しはもう少し早く見極められたはず。何度か方針の再検討を図るよう迫ったが反映されなかった。成果が到達できそうにない時は立ち止まって方針変更を考え、成果目標達成を目指してほしい。
- 事業マネジメントに時間が寄りがちで、メンバーの状況を把握することに使う時間が少ない。1on1のリスケが多い、話を聞いてもらえない、などの意見がメンバーから出てくる事実にあるように、メンバーの話に向き合えるマネージャーになってほしい。
- スピードを急ぐあまり周囲への協力依頼が雑になり、周囲がやり辛さを感じたことが何度かあった。スピードと丁寧さを両立できるようになってほしい。

■今後に向けたアドバイス

目の前のアクションに夢中になり、勢いよくこなしていくことは非常に良いとは思うが、一方で立ち止まって戦略、組織、人を見直す時間を作るといい。

夢中になる中で見落としていたことや改善すべきことが俯瞰して見れるようになるはず。そうすれば達成に近づけると思います。

■次半期の期待

- 伸びてきたSEOの獲得数をさらに伸ばすことと、加えて流入後のCVを上げるサイト改修を本格的におこない、会員数を飛躍的に向上させてほしい。
- 自らのハンズオンの時間を減らし、メンバーでそれらがこなせるようにしてほしい。
- ネクストリーダーのターゲットを決め、半期で後任にできるよう育ててほしい。

図9-4

評価のフィードバックの例

■評価結果

・A（期待どおりの結果だった）

・年俸ベースで+30万円

■評価理由

成果目標であるSEO経由会員獲得2000人に対しては1700人と未達成だったが、能力目標で掲げていたリーダーシップ力と戦略立案能力に関しては、チームの変革を通じて十分身に付けられたと考える。また、バリューの面では「最後までやりきる」というバリューの体現者として、あらゆることに諦めずに取り組み、またそこで得た経験を部に還元してくれた。

成果は残念ながら未達成だったが、能力成長、バリュー発揮は期待を上回るものだったため、総合的に判断し「A」と評価する。

■良かった点

・SEOチームの立ち上げ時期には新チームの立ち上げ、顧問採用、戦略の立案、施策の洗い出しまでわずか1カ月で成し遂げた。

素晴らしいスピードでチームの立ち上げを完了させ、さらにチームの戦略に沿ったアクションを次々と実行していきながらメンバーを盛り立て、勢いのあるチーム作りができた。

・数字が伸び悩んだ時期も上司、他チームへの自己開示をおこないアドバイスをもらいながら、諦めない姿勢を常に部の定例で見せてくれた。SEOチーム以外のメンバーも非常に勇気づけられた言動だった。

・プロジェクトの立ち上げで学んだことを勉強会という形で部に還元してくれたように、部全体に好影響を与えようと積極的に働きかけている点は素晴らしかった。

ここまでやり、納得解を得られたメンバーは、自分の成長課題を認識し、モチベーション高く次の評価期間も業務に臨みます。

評価はメンバーの最大の関心事

ここまで、評価活動のプロセスについて記載しました。

「これ、全部やるのですか？」
「忙しくて現実的に無理ですよ」

そんな声が聞こえてきそうですが、私の回答は「すべてやります、かつ、『これでもか』というくらい丁寧に時間をかけてやります」となります。

マネージャーにとっては「チームが達成したのかどうか」が一番の関心事だと思いますが、メンバーにとっては「評価」が最大の関心事です。それは、「会社から評価されるために仕事をしている」とか「給与を1円でも多くもらうために仕事をしている」とか、そういうことではありません。だれしも、きちんとだれかが見てくれているからがんばることができます。自分ががんばった結果をだれかに見てもらい、それに対するリアクションが欲しいのです。だれも見てくれていない仕事ほど、寂しくてやりがいのないものはありません。

「その期間、野心的な目標に向かい、がんばった結果はどう見えているのか?」

「その結果としての客観的な評価はどうだったのか?」


これが、メンバーの一番の関心事です。

メンバーの一番の関心事に全力で答えられないマネージャーなど、どれほど良い戦略、組織を作ったところで、実際そこで働く人は動かせないでしょう。逆に、メンバーの一番の関心事に全力で向き合うならば、メンバーはマネージャーのことを強く信頼するので、その他のことが多少及ばなくても、しっかりと動いてくれるでしょう。

評価に向き合うという仕事は、最優先です。「忙しくてここまでできない」というなら、評価ではなく、ほかの仕事を削ってください。チームの目標達成にとって、評価活動は遠回りなようで、一番重要な業務です。


「メンバーは100名います、すべての人に評価フィードバックの文章まで書くとなると業務が回りません」

そういう人がいたとしても、「では100人分書いてください。その間すべての業務を止めてください」と私なら答えます。

「メンバーのことを考えている」
「メンバーの成功を願っている」

それを口だけではなく、体現しましょう。遠回りなようで、一番重要な業務です。

第10章

ピープルマネジメントで
メンバーを動かす

1 人は感情の生き物

ここまで、現状把握から始まり、評価に至るまで、「マネージャーの基本動作」を述べてきました。これらがマネージャーの業務のすべてです。これらの業務をしっかりとおこなえばいいのですが、当然これらの業務を1人でおこなえるわけではありません。メンバーを動かしておこなうことが求められます。これがマネジメントの難しさです。

第10章、第11章では、人を動かすためにマネージャーが持ち合わせるべき必須技術についてお話しします。

「正しいこと」より「共感できること」

昔、リクルートで営業の仕事をしていたころ、お客さんにこんなことを言われたことがありました。

A社様「長村さんの言ってることはわかるけど、あなたが信用できないので買いません」
B社様「長村さんの言ってることはよくわからないけど、あなたは信用できるので買います」

まさに、人は感情の生き物であり、それがビジネスにも染み出ている例ではないでしょうか。

これは、マネージャーとメンバーにもそのまま当てはまります。マネージャーの言っていることは筋が通っていたとしても、そのマネージャーのことが信用できないならやはりメンバーは動きません。逆に、マネージャーの言っていることがよく理解できなかったとしても、そのマネージャーが信用できるなら、メンバーは動きます。「人は感情の生き物である」ことを肝に命じ、正しいことを言うだけではなく、信用されるマネージャーになることが重要です。

信用される3つの方法

信用される方法としては、次の3つが挙げられます。

❶全身全霊、全人格を以て相手の話を聞く

まず前提として、「相手の考えていることをすべて理解するなど到底無理」ということを肝に命じてください。人は自分で考えていることのごく一部を「言葉」にして表現します。言葉にできることなど、その人が考えていること＝「その人の宇宙」のごく一部にすぎません。その言葉ですら真剣に聞けないのであれば、相手の考えていることなど何も理解できません。「相手の考えていることをすべて理解するなど到底無理」という謙虚さを持ち合わせ、「それゆえに、せめて言葉に現れているご

く一部のことくらいは必死で理解しよう」と努めるのです。

相手の話は、自分のもてる力すべてをふり絞って聞きます。わからない点があればわかったふりをせず、めんどくさがらず、聞きます。「ああ、こういうことね」なんて、自分の浅はかな理解をもとにかんたんに決めつけないでください。相手には相手の宇宙があります。それを自分の世界の見方であてはめようとしても、あてはまられるわけでもありません。「ああ、こういうことね」と相手の話を真剣に聞かず、すぐ自分の考えにあてはめようする人が、一番信用できません。

どれだけ聞いても、相手の考えていることなんてわかりません。わからないから、せめて言葉は真剣に聞くのです。すべて理解できなくても、そういうふうに、理解しようと必死で真剣に聞いてくれる人を、人は信用します。

❷惜しみなく与える

自分が相手に与えられることがあれば、見返りなんて求めず、すべて与えてください。知識、経験、人脈、フィードバック……相手に与えられるものはたくさんあります。見返りを求めて与える時、「この人は見返りを期待してるな」「自分から何かを引き出そうとしているな」という他意を人は察知するものです。それは、マネージャーが隠そうとしたところで、メンバーにはバレバレです。そういう人は、「自分を目的達成のための道具として利用しようとしているな」と見破られます。

見返りを求めず、ただただ善意で、メンバーのためになることなら何でも与えます。そういう、見返りを求めない「ギブ」をする人を、人は信用します。

③敬意を持つ

マネージャーは、偉いわけでも、凄いわけでもありません。地位、ましてや人間としてメンバーよりも上であるわけでもありません。ただ「マネジメント」という仕事をする役割でしかありません。決定権や評価権をもっているので人を動かしやすい役割であることはたしかですが、それはそういう仕事だからその権限を持っているにすぎません。

役割でしかないのであれば、メンバー全員からマネージャーが学ぶべきことがあるはずです。自分を上だとも、メンバーが下だとも思わず、フラットな立ち位置で学ぼうとするその姿勢に、「この人は、人を見下すような人じゃないな」とメンバーは感じ、信用するのです。

「マネージャーとメンバーはフラットで役割の違いでしかない」ということを、その人なりの論理的な説明とセットで述べる人は多いですが、本当に「心から」そう思ってますか？　フラットであると説得力のある説明をしたところで、心からそう思ってないなら、それは嘘でしょう。そういう人は、言葉に、態度に、そういうスタンスがにじみ出ています。たとえば、チームメンバーのことを「部下」という言い方をする時点で、「この人は、頭ではわかっていたとしても、体現はできていないな」と私は思います。

全身全霊、全人格を以て相手の話を聞く。

惜しみなく与える。

敬意を持つ。

この3つをしっかりとおこなうことで、メンバーから信用されるマネージャーになれます。

2 見る

マネージャーは、メンバーにとって最高の観客であれ

たとえばあなたがスポーツ選手だとして、満員のスタンドで観客が見ている試合と、無観客の試合、どちらが力が出るでしょうか？　やはり、観客がいる試合のほうが、がんばろうと奮い立ち、力が出るのではないでしょうか。

ビジネスでも同じことがいえます。だれかが見てくれているから力が湧いてきますが、だれも見ていないならやはり力は出ません。他人に褒めてもらうために仕事をしているわけではありませんが、だれも見ていないならがんばる力も出ないな、というのもまた事実だと思います。

マネージャーは、メンバーにとって最高の観客である必要があります。メンバーの活躍も失敗も「見る」のです。マネージャーが見ているから、メンバーはがんばります。「見る」というのは、マネージャーがやるべき最低限の仕事だともいえます。マネージャーは、まずメンバーを「見る」こと、ここから始めるといいと思います。

見るとはどういうことか

「見る」というのは、具体的にどういうことでしょうか？　マネージャーがおこなうべき「見る」という業務は、次の3つをぐるぐると回し続けることです。

❶興味を持つ

まず、メンバーの働きに興味をもってください。どんな仕事してるのか、忙しいのか余裕があるのか、何を学んでいるのか、などです。「何をあたりまえのことを」と思われるかもしれませんが、これができている人は非常に少ないと感じます。

「チームの成果に興味は持つが、メンバーの働きに興味はない」というのは、おかしくありませんか？　チームの成果は、マネージャーではなく、メンバーが作ります。ならば、その成果を作るメンバー1人1人の働きにも興味をもって当然だと思います。

「チームの成果に興味は持つが、メンバーの働きに興味はない」という人は、チームの成果は結局自分1人で作っていると思い込んでいる人です。そんな人に、大きな成果は残せないと思います。成果にコミットするからこそ、その成果を作るメンバー1人1人の働きに興味を持つのです。

❷把握する

興味をもったうえで、具体的にどんな業務をしていてどういう状況なのか、把握してください。本人に直接聞いてもいいですし、自分がそのメンバーが仕事をしている現場に出向いてもいいですし、周囲のメンバーに聞いてみてもいいと思います。

❸伝える

把握したら、メンバーに自分が思ったこと、感じたことを伝えます。良いことでも悪いことでもかまいません。

「この資料のここがよかったね」
「あの会議の仕切りはもう少し効率よくやってほしかった」

など、「観客」として自分が見た感想を伝えるのです。伝えた内容もさることながら、「この人は見てくれているな」とメンバーは感じます。見てくれていると感じるから、メンバーは日々の業務に活き活きと向き合います。

①~③は、一度やって終わりではありません。変化の激しいベンチャーでは、メンバーの状況も仕事もコロコロ変わります。常に①~③を回し続け、メンバーの観客であり続けます。

3 指示する

イーブンな関係における指示のあり方

本書では「マネージャーとメンバーは役割の違いでしかない、イーブンな関係だ」と述べています。特にベンチャーでは、この考えを徹底すべきです。イーブンな関係で業務を進めるからこそ、メンバーがたくさんの意見を発信し、その意見が答えのないプロジェクトの正解につながるからです。

そのイーブンな関係において、指示はどのようにおこなうべきでしょうか。

「イーブンな関係なので、マネージャーからメンバーへは指示ではなく、お伺いを立てる」というのは違います。偉いから指示をするのではなく、チームの目標達成のために、チームの全体を把握したうえで、メンバー個々に的確な指示をするのは、マネージャーの仕事です。偉いからではなく、仕事として、役割として、遠慮なく堂々と指示をします。

その際、必ず「背景とセットで」指示をします。「なぜ、その業務が必要なのか?」をひと言添えるのです。

背景説明のない指示

チームの業績をまとめた資料を作ってほしい

背景説明のある指示

チーム会でみんなにチームの現状を伝えたいので、チームの業績をまとめた資料を作ってほしい

2つの指示がチャットで飛んできたとして、あなたはどう感じるでしょうか？　前者は「命令」のように聞こえませんか？　背景説明のない指示は、命令のように聞こえます。背景説明があれば、なぜそれをやるのか、それが必要な業務かどうかがわかるので、マネージャーが役割としてお願いしていることがわかります。

「いちいち背景説明をするなんて手間だ」と言う方もいるかもしれませんが、

「チーム会でみんなにチームの現状を伝えたいので」

というテキストは5秒以内に打てます。何かの業務とトレードオフを考えるほどの時間ではありませんね？　手間だと感じる本質的な理由は、「背景がない、もしくは曖昧」だからです。メンバーへの敬意があれば、そもそも背景がない、もしくは曖昧な業務、つまり必要かどうかもわからない業務を乱暴にお願いすることはありませんね？　忙しいのではなく、敬意が足りないのです。自分が上だと

思っているのではないでしょうか？
イーブンな関係でメンバーの意見が活発に出るチームを作り、その意見の中から答えを見つける——そんなチームを運営するならば、指示のあり方には相当にこだわるべきです。

指示の深度を変える

「メンバーが指示どおりに動きません」

そんな悩みはよく聞きますが、マネージャーの指示の仕方に問題はないでしょうか。図にあるように、指示には5段階の深さがあります。

シニアなスタッフには背景と業務目標だけ伝え、あとは本人のやり方に任せればいいでしょう。逆にジュニアなスタッフには、要件、参考情報まで伝えて業務に臨んでもらいます。

「やり方」までは指示できません。だれかに指示した仕事をやるのは「他人」です。「自分のコピーロボット」がやるわけではありません。箸の上げ下げまで指示することはできないので、ご注意ください。

- ジュニアなスタッフに、背景と業務目標のみを伝えている
- シニアなスタッフに要件、参考情報まで指示しているので、彼らのいつものやり方が狂う

図10-1
指示の5段階

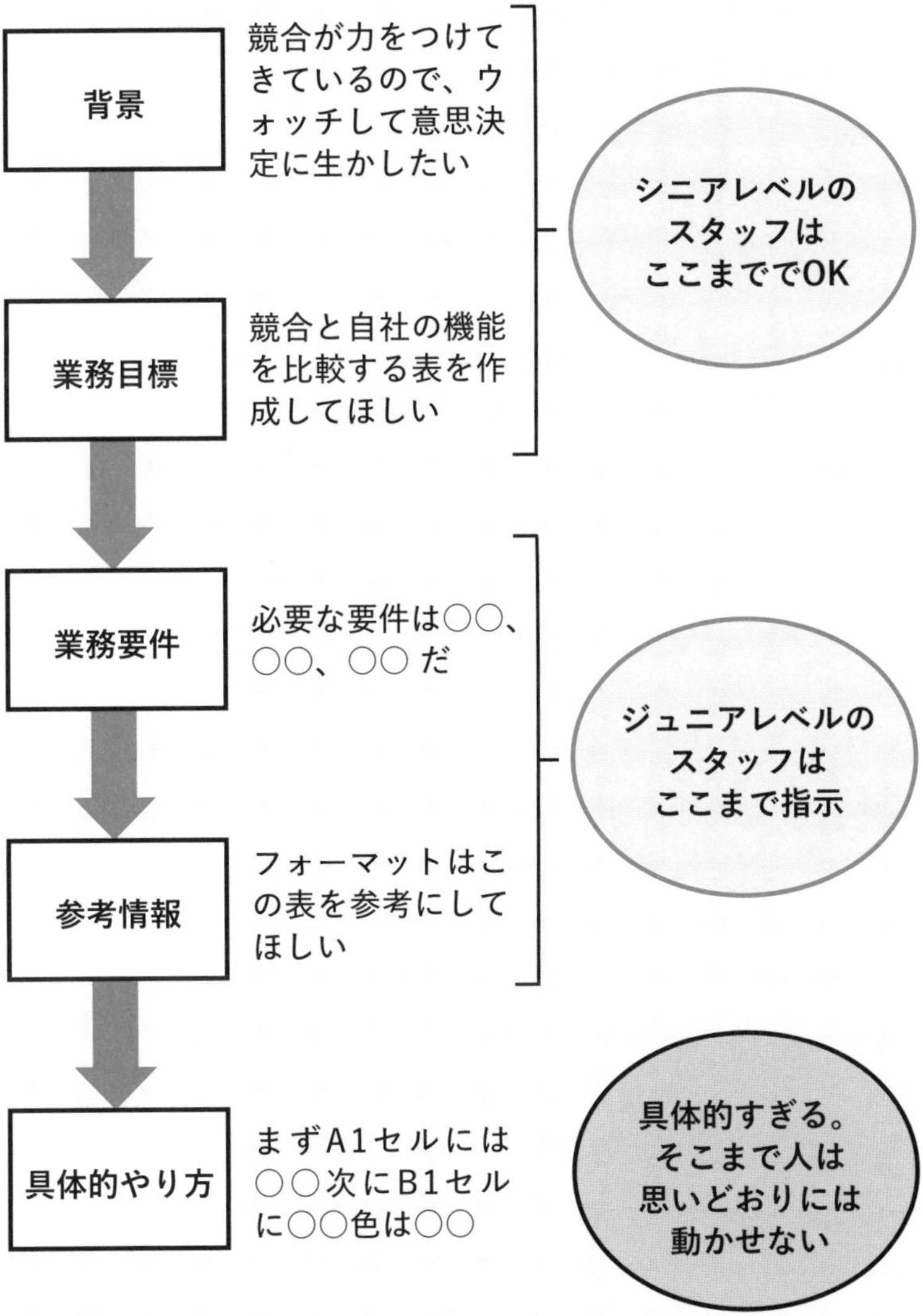
背景
競合が力をつけてきているので、ウォッチして意思決定に生かしたい
業務目標
競合と自社の機能を比較する表を作成してほしい
シニアレベルのスタッフはここまででOK
業務要件
必要な要件は○○、○○、○○ だ
参考情報
フォーマットはこの表を参考にしてほしい
ジュニアレベルのスタッフはここまで指示
具体的やり方
まずA1セルには○○次にB1セルに○○色は○○
具体的すぎる。そこまで人は思いどおりには動かせない

・やり方まで指示していて、メンバーが仕事を進めにくくなっている

このようなことが起きると「指示どおりに動きません」という悩みになります。メンバーのせいにする前に、指示の深度が適切なのか、今一度確認するといいと思います。

4 関与する

直接関与と間接関与

マネージャーがメンバーと関与する際には、2つのパターンがあります。

- マネージャーとメンバーが直接業務上のやりとりをする「直接関与」
- マネージャーとメンバーの間に中間リーダーなどだれかを挟む「間接関与」

マネージャーとメンバーに大きな能力差がある場合は、直接関与をやめ、間接関与にしましょう。理由は、「能力差のあるマネージャーと直接業務をするだけで、メンバーはパニックゾーンに陥る」からです。自分よりも圧倒的に仕事ができるマネージャーに、有益な意見を言えるわけでもなく、業務で役に立てるわけでもなく……という状態が続くと、自分の存在価値が見えなくなり、パニックゾーンに陥ります。自分の無力さ、マネージャーへの申し訳なさに苛まれます。

これは、マネージャーが厳しく接していなくても起こります。構造上、パニックゾーンに陥るようになっているのです。マネージャーは、「自分の能力レベルを低く見せないと、相手が委縮するな」「自分の意見をストレートに伝えても、相手が理解できそうにないな」というレベルで能力差を感じた場合、間にだれかを挟みましょう。

業務の4象限と関与方法

直接関与をする際は、図のように4象限でメンバーの業務のタイプ分けをおこない、関与方法を決めます。

定点確認

「メンバーのスキルが十分なので基本は任せるが、重要度が高いので定期的に状況確認がしたい」という業務です。この業務では、定例MTGなどを開催し、定期的に報告をもらうようにします。

お任せ

「メンバーのスキルが十分で、かつ重要度も低い」という業務です。この業務に関しては、チャットなど、ライトな形で報告を受け取るのみでOKです。

図10-2
業務の4象限

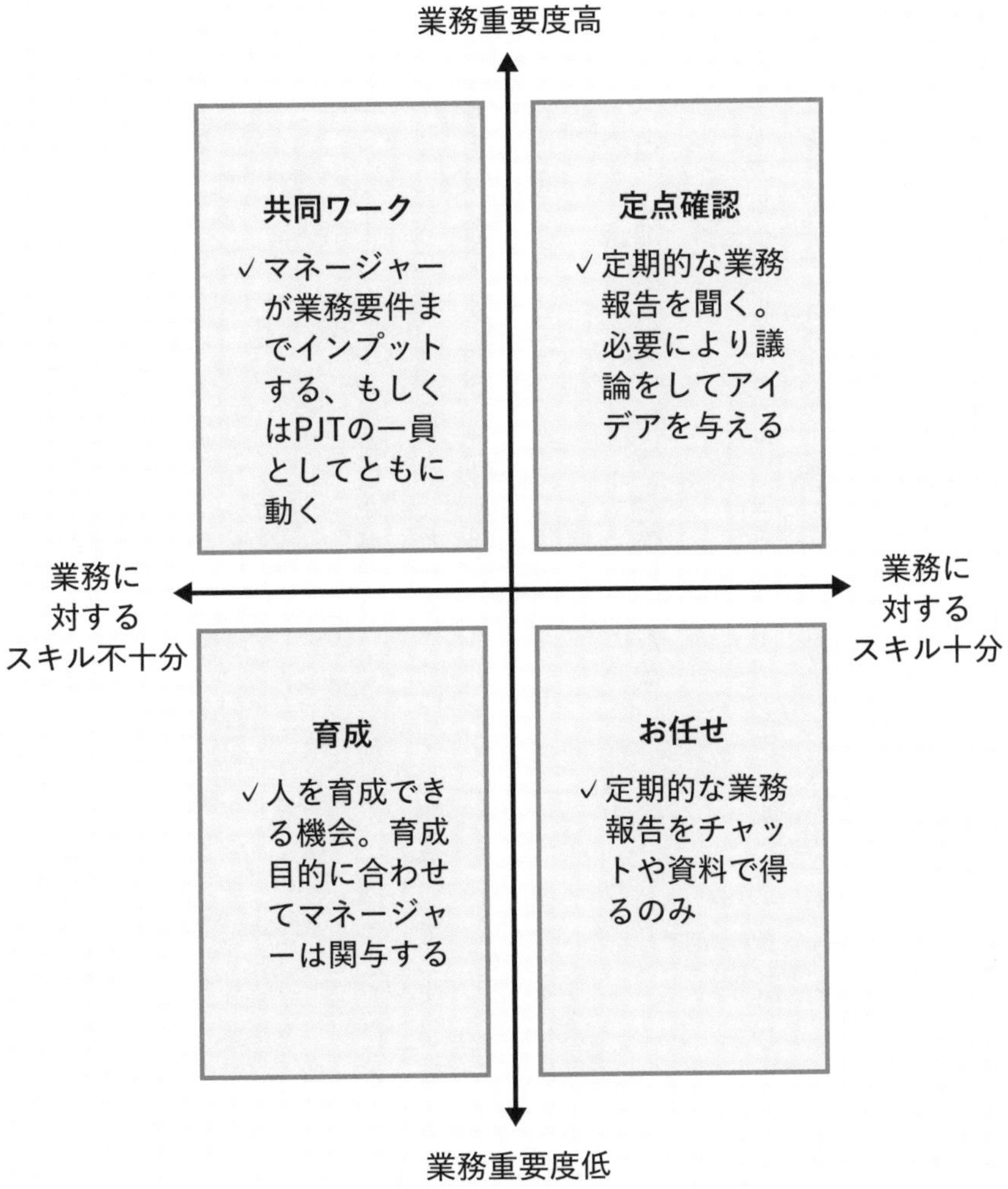
業務重要度高
共同ワーク
✓マネージャーが業務要件までインプットする、もしくはPJTの一員としてともに動く
定点確認
✓定期的な業務報告を聞く。必要により議論をしてアイデアを与える
業務に対するスキル不十分
業務に対するスキル十分
育成
✓人を育成できる機会。育成目的に合わせてマネージャーは関与する
お任せ
✓定期的な業務報告をチャットや資料で得るのみ
業務重要度低

共同ワーク

「メンバーのスキルが不十分で、かつ重要度が高いことから、マネージャーが深くメンバーに関与する」という業務です。MTGを頻度高く開催してアドバイスをしたり、場合によっては一緒に手を動かして業務に臨みます。

育成

「メンバーのスキルが不十分で、かつ重要度が低い」という業務です。人はここで育成をします。共同ワークゾーンでは、業務の重要度が高いので途中でメンバーの仕事を奪ってしまうことになり、計画的に育成できません。育成目標をもって計画的にメンバーを育てようとする時は、このゾーンで業務を任せます。

人ごと、仕事ごとに、関与方法を決める

図のような表を作成し、メンバーごとに、さらには業務ごとに、関わり方を設計します。「自分はマイクロマネジメント派だ」「自分は放任派だ」という議論も、無意味です。メンバーのスキルと業務の重要度で仕事をラベルづけし、そのラベルに応じて関与の方法を変えるのです。

このように可視化しておくと、「何となく動きが見えなくて不安」「最近会話していないので不安」など、メンバーとの必要な関与度が言語化できていないことによる漠然とした不安から解放されます。

図10-3

メンバーと業務ごとに関与方法を一覧にしておく

氏名	アサインメント	関与方針	業務重要度	スキル	直接関与の方針	関与方法の詳細
加藤花子	記事量産PJT リーダー	直接	高	十分	定点確認	週１の定例MTGで確認
	部全体の下期戦略策定	直接	低	不十分	育成	週に１度、検討状況の報告を受けインプットする

メンバー毎・業務ごとに作成し、
関与方法を一覧化

また、漠然とした不安からメンバーに無用な関与を増やすなど、関与方法を誤るということもなくなります。特にリモートでマネジメントする際は、この表が活用できると思います。

第11章

3つのコミュニケーション技術を使いこなす

1 コミュニケーションの3つの技術

メンバーを支援し、メンバーの目標達成を実現することでチームの成果を残すのが、マネージャーの仕事です。メンバーを支援する方法はさまざまですが、おもな方法の1つは、1on1ミーティングなどを通じたコミュニケーションによりメンバーを支援することでしょう。

コミュニケーションの相手は機械ではなく、人間です。ある1つのコミュニケーション方法がすべてのメンバーに当てはまることなどありえません。結局は、感情溢れる1人1人の人間に対して、1人1人オリジナルな対応をおこなわなければなりません。

しかし、「こういう人、こういう状況であれば、この方法」とある程度指針は絞れますし、その指針ごとに「型」は存在します。「すべてを型で片づけられる」と驕ってはいけないものの、しかし型がないと行き当たりばったりの感覚的な対応で打率が著しく悪くなる——コミュニケーションによる支援とは、そんなイメージです。

本章では、コミュニケーションによる支援の型をご説明し、1人1人違う「人間」相手に打率の高い支援ができる方法をお伝えします。

ティーチング、コーチング、フィードバック

メンバーの目標達成を支援するコミュニケーション技術として、ティーチング、コーチング、フィードバックの3つがあります。それぞれの概要は次のようなものです。

- ティーチング → 知らないことや、足りないことを相手に教える
- コーチング → 相手に質問をし、相手に気づきを与え、相手を導く
- フィードバック → 相手が気づいていない客観的な事実を伝える

この章では、この3つの技術とは具体的にはどのようなものなのか、そして、どうそれらを使っていくのかについてお伝えします。

大事なのは「使い分け」

「自分はティーチング派かな」「自分はコーチング派かな」など、これもまた●●派というように自分のマネジメントスタイルを決めつける人がいますが、これらは「3つとも使える」必要があります。

図11-1

3つのコミュニケーション技術を使い分ける

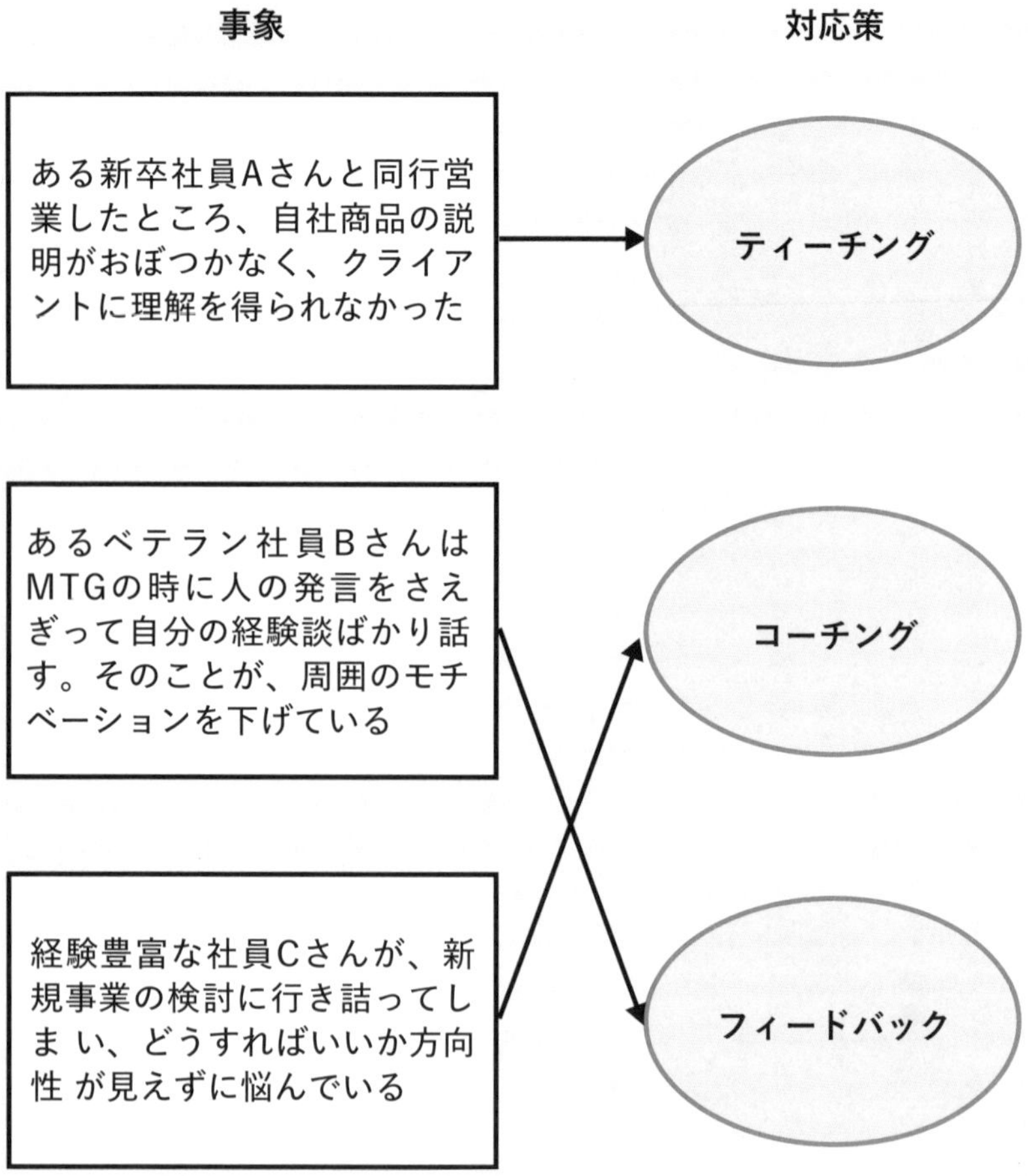
事象
対応策
ある新卒社員Aさんと同行営業したところ、自社商品の説明がおぼつかなく、クライアントに理解を得られなかった
ティーチング
あるベテラン社員BさんはMTGの時に人の発言をさえぎって自分の経験談ばかり話す。そのことが、周囲のモチベーションを下げている
コーチング
経験豊富な社員Cさんが、新規事業の検討に行き詰ってしまい、どうすればいいか方向性が見えずに悩んでいる
フィードバック

Aさんは新卒で入社してまだ間もなく、自分で答えがあるわけではありません。ですので、「教えてあげる」必要があり、ティーチングを使います。

Bさんは自分では気づいていないので、フィードバックをして、客観的な事実を伝えてあげる必要があります。

Cさんは自分で答えは出せるものの、ちょっと混乱している状態なので、コーチングをして、Cさん自身の整理を手伝ってあげる必要があります。

Aさんにコーチングをしても答えは出てこないでしょうし、Bさんにティーチングをしても「自分でそれはできているから大丈夫だ」と言われるでしょうし、Cさんにフィードバックしても「だからどうするべきなんだ」という答えが出るわけでもありません。つまり、メンバーの状況に応じて3つの技術を使い分ける力がマネージャーには求められるのです。どれか1つの技術を極めたところで、すべてのメンバーを支援できるわけではありません。そういうマネージャーは、きっとうまくいくときといかない時でボラティリティが高い（変動が激しい）はずです。安定して成果を残せるマネージャーは、3つの技術をメンバー別に使い分ける能力に長けています。

2 ティーチング

ティーチングの6つの方法

ティーチングには、６つの方法があります。

①やって見せる（相手に教えたい業務を目の前でやって見せる）
②事例を使う（ある事例を元に、教えたいことを教える）
③たとえ話を使う（身近なわかりやすい事例を元に教える）
④ナレッジを伝える（自分が持っている知見を、相手が使える形にして伝える）
⑤経験を話す（相手が置かれている状況に似た、自分の経験を話す）
⑥コンテンツを読んでもらう（教えたいことを記載している書籍や記事を読んでもらう）

図に具体例を掲載します。この６つの方法のうち、その時に適したものを選び、実践します。このような技術を使うことで、相手に教えたいことをただ知識ややり方を教えるよりもわかりやすく教え

図11-2

ティーチングの6つの方法

手法	事例
やって見せる	自分の営業に同席させて、営業の方法をやって見せた
事例を使う	初期に無料で提供して一気にマーケットシェアを取る戦略の事例として、ソフトバンクのブロードバンド普及戦略の事例を話した
たとえ話を使う	納期を守ることの重要性を説くために、宅配ピザが30分で配達できなければ料金は請求できないように、仕事も納期がすべてだ、と説いた
ナレッジを伝える	これまでヒットコンテンツを作ってきたノウハウを資料にまとめて、勉強会を開催した
経験を話す	メンバーと同じくらいの年齢の時に、同じようなテーマで悩んだが、それを解決した時の話をしてあげた
コンテンツを読んでもらう	アプリのグロースハックで悩むメンバーに、そのノウハウが体系的にまとまった書籍を渡した

ることができます。

ティーチングでつまづくポイント

私が経営しているEVeMで提供しているマネジメントトレーニングでは、受講生同士が3つの技術を使ったロールプレイングをおこない、それを当社トレーナーがレビューするというものがあります。私も何百件というロールプレイングを見てきましたが、ティーチング、コーチング、フィードバックのそれぞれについて、よくつまづくポイントというものがあります。

ティーチングに関しては、次のようなものがあります。

教えるほうが一方的に話し続け、メンバーの理解が追いつかない（話を聞くメンバーの集中力がとだえる）

マネージャーが「ここまでは大丈夫？」などこまめにメンバーの理解度を確認しながら話を進めます。

マネージャーが視覚的な情報を何も提示しないので、メンバーの理解が追いつかない

難しいことを説明するときは、メモや資料など視覚情報とセットで伝えましょう。

抽象的なノウハウだけを伝えるので、イマイチ教えが伝わりきらない

ティーチングの6つの手法は、必ずどれかが使えるはずです。これらを使い、教えがわかりやすく相手に伝わるようにしましょう。

3 コーチング

コーチングは「あり方」9割

コーチングは、質問により相手が自分自身で気づくという体験です。そのためには、相手が自分で思うことをどんどん話せる環境づくりが必要です。次の点を心がけましょう。

「今日は話を聞く」と宣言する

まず、この会話をどのように進めたいのかをはっきりさせます。普段は「指示する」「評価する」などマネージャー⇒メンバーのコミュニケーションが多い分、受け身で話を聞くモードになるメンバーもいます。「今日はマネージャーから話すのではなく、メンバーの話を聞きたいんだ」とはっきり伝えて、会話の進め方を定義しましょう。

判断しない・評価しない

コーチングは、相手の答えを全面的に支持するコミュニケーションです。相手の答えが良い・悪いと判断したり、評価したりするものではありません。それがしたいなら、コーチングはおこないません。ある意味、「どんな答えが出ようと私には関係ない、その人の答えなので」と、相手の考えと距離をおくことが必要です。

●相手の世界に集中する

試しに、ペアでこんなことをやってみてください。「最近私がはまっていること」というテーマで2分間、AさんがBさんに話します。

- はじめの1分は、Bさんが「自分が考えたいことに集中して」Aさんの話を聞く
- 後半1分は、Bさんが「Aさんが話していることに集中して」Aさんの話を聞く

やってみるとわかると思いますが、Aさんにとって最初の1分は非常に苦痛な時間です。相手が自分の話に興味がないことが明白な状態でひたすら自分の話をすることの辛さを痛感します。いくら「今日は話を聞きます」と言っても、それは「物理的には傍にいて耳を傾けます」ということではありません。その状態で苦痛を背負ってまで、メンバーは話してくれないでしょう。PCやスマホをいじりながら相手の話を聞いてるとき、話をしているほうが不愉快に感じたり話をやめたりするのは、まさにこの現象です。

話を聞くというのは、相手の世界に集中して聞くことを指します。相手の話に、相手の世界に集中

するからこそ、人はどんどん自分の話をしていきます。

リラックスできるシーンを作る

マネージャーとメンバーは、指示する／される、評価する／される、という緊張関係にあるともいえます。利害関係者でもあります。利害がない人に自分のことを話すのですらハードルが高いのに、利害がある人に自分の話をじっくりするなどとても難しいことです。話をしてもらうには、工夫が必要です。たとえば、次のような工夫ができます。

- 場所を変える（緊張感のあるＭＴＧを過去にした会議室ではなく、近くのカフェなど）
- メモを手にもち、「必死で聞く」というスタンスを態度で見せる
- 相槌は声、素振りでしっかりと表現する
- 正面ではなく、斜めに座る

リモートでも工夫はできます。

- 画面中央ではなく横にズレる
- 斜めに座り、相槌を打つときは斜めを見る
- ペンやマグカップを手に持ち、ほかの作業はしていないと「潔白」を証明する

図11-3
話をしやすくするための工夫

・1on1のMTGとは別の時間・タイトルでMTGをセットする

相手を信頼する

「相手は自分で答えを出せるはず」と信頼することが重要です。途中で口を挟んだり、自分の考えを提示したりするのは、「相手は自分で答えを出せるはず」と信頼していないからです。

うまく質問しようと思うことも、それにあたります。うまく質問なんかできなくてもいいのです。自分の質問が下手でも、相手は自分で答えを出せるだけの能力を持ち合わせているのです。そのように考え、気負わず、うまくやろうと思わず、相手を信頼して委ねることが重要です。

コーチングというのは非常に奥が深く、その道のプロになろうと思うと膨大な時間とお金をかけて訓練する必要があります。しかし、コーチングは数多あるマネジメントの技術のごく一部でしかないのも確かです。コーチングを学ぶことだけに限りある時間を投下するのは、マネージャーの能力開発としては効率が悪いと私は考えます。

うまく質問できなくてもいいです、コーチングのプロになれなくてもいいです。この「あり方」だけでも心がけてみてください。人は、自分で話しながら、自分で解決できる力があります。コーチングの技術を駆使する時は、相手が自分で解決するのを横で信じてそっと見守ってあげればいいのです。

コーチング4つの技術

人により、テーマにより、あらゆる質問を駆使して相手を導くのがコーチングですが、それを極めようとすると非常に時間がかかります。ベンチャーで頻用する4つのフレームをまずは覚えてしまってください。そして、まずはその質問を紙に書いて、自分で記述回答してみてください。4つのフレームが体感でき、使えるようになります。

❶目標達成フレーム

相手を目標達成へと導く時に活用します。評価の中間レビューなど、目標達成に向けてどうしていこうかと話す際に有効です。

❷要因分析フレーム

起こった要因を分析し、次のアクションへとつなげてほしい時に使います。目標が未達成だった時の振り返りなどに有効です。

❸経験学習フレーム

業務を通じて学んだことをメンバーが言語化し、自分の武器に変えてほしい時に使います。評価の

図11-4

目標達成フレーム

活用シーン

目標達成方法が曖昧な時

✓メンバーが目標達成に向けた方法を見いだせていない時

業務過多気味で混乱しているとき

✓業務が複数たまっており、何から手をつけていいのか混乱している時

質問のフレーム

目標	・あなたが得たい結果はどのようなものですか？ ・達成基準はどのようなものですか？（何を・いつ） ・その目標を達成することにどんな意味がありますか？
現状	・現在はどのような状況ですか？ ・目標達成に向けてはどのような壁がありますか？
リソース	・目標達成をするために、あなたはどのようなリソースを活用できますか？（知識・スキル・予算・協力者など）
方針	・目標達成に向けてどのような方針を立てますか？ ・大方針を3つ掲げるとすればどのようなものですか？
アクション	・方針を実現するためにはどのようなアクションが考えられますか？ ・その中でも特に重要なものはどれですか？
実行促進	・では、この面談が終わった後は何をおこないますか？

図11-5-1

目標達成フレームの会話例①

新規事業がなかなか思うように進まず、悩んでいます

なるほど、確認なのですが、どのような目標を設定していますか？

はい、今年の秋9月には300社に導入されていることを目指します

なるほど。300社というのは、具体的にどのようなお客様ですか？

はい、経営人材が乏しい中小企業をターゲットにしています

300社という目標は、本事業にとってどのような意味がありますか？

300社獲得すると、競合のA社を抜いて社数でNo.1になり、今後有利に戦えます

なるほど。では現状はどうでしょうか？

図11-5-2
目標達成フレームの会話例②

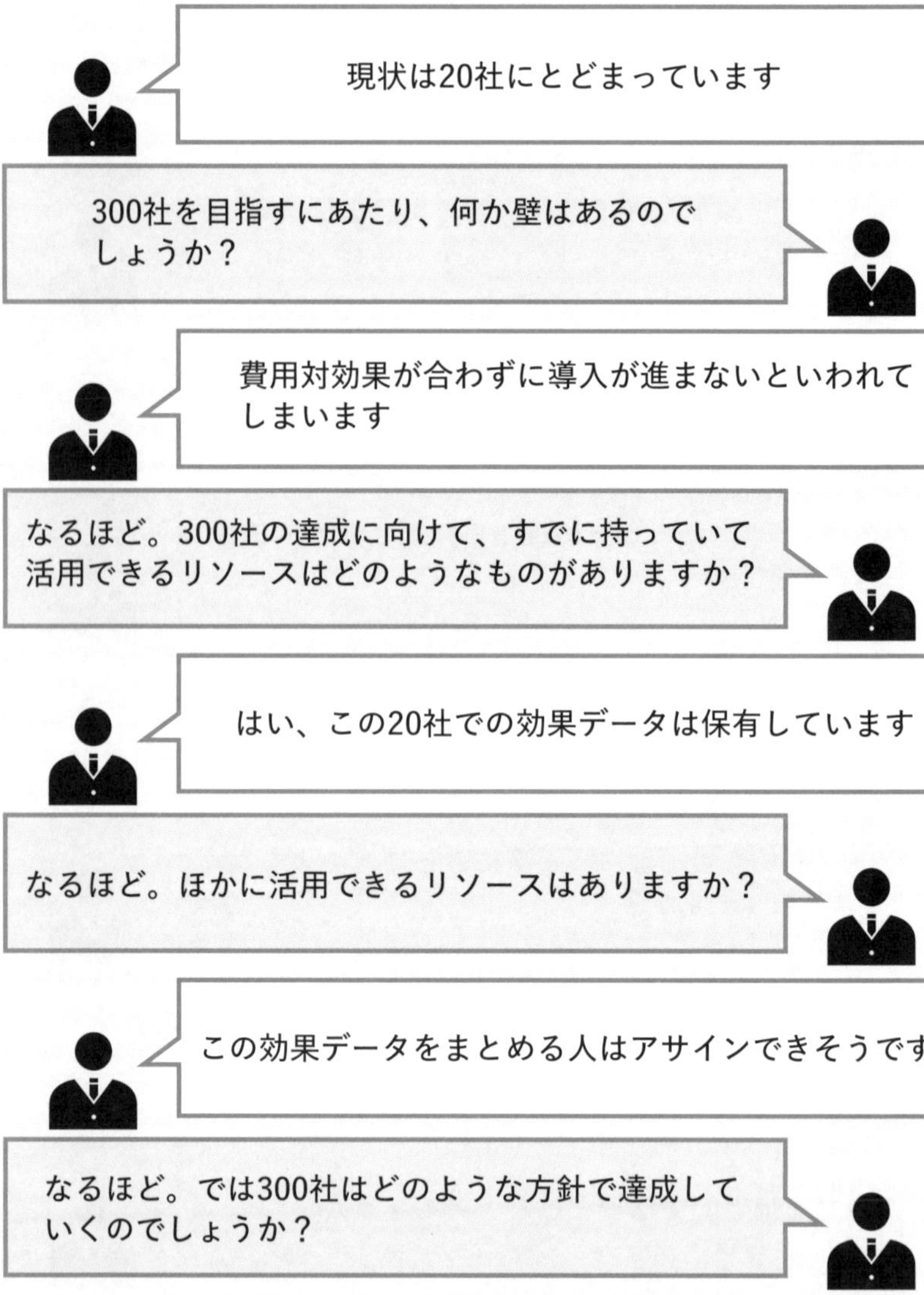
現状は20社にとどまっています
300社を目指すにあたり、何か壁はあるのでしょうか？
費用対効果が合わずに導入が進まないといわれてしまいます
なるほど。300社の達成に向けて、すでに持っていて活用できるリソースはどのようなものがありますか？
はい、この20社での効果データは保有しています
なるほど。ほかに活用できるリソースはありますか？
この効果データをまとめる人はアサインできそうです
なるほど。では300社はどのような方針で達成していくのでしょうか？

図11-5-3

目標達成フレームの会話例③

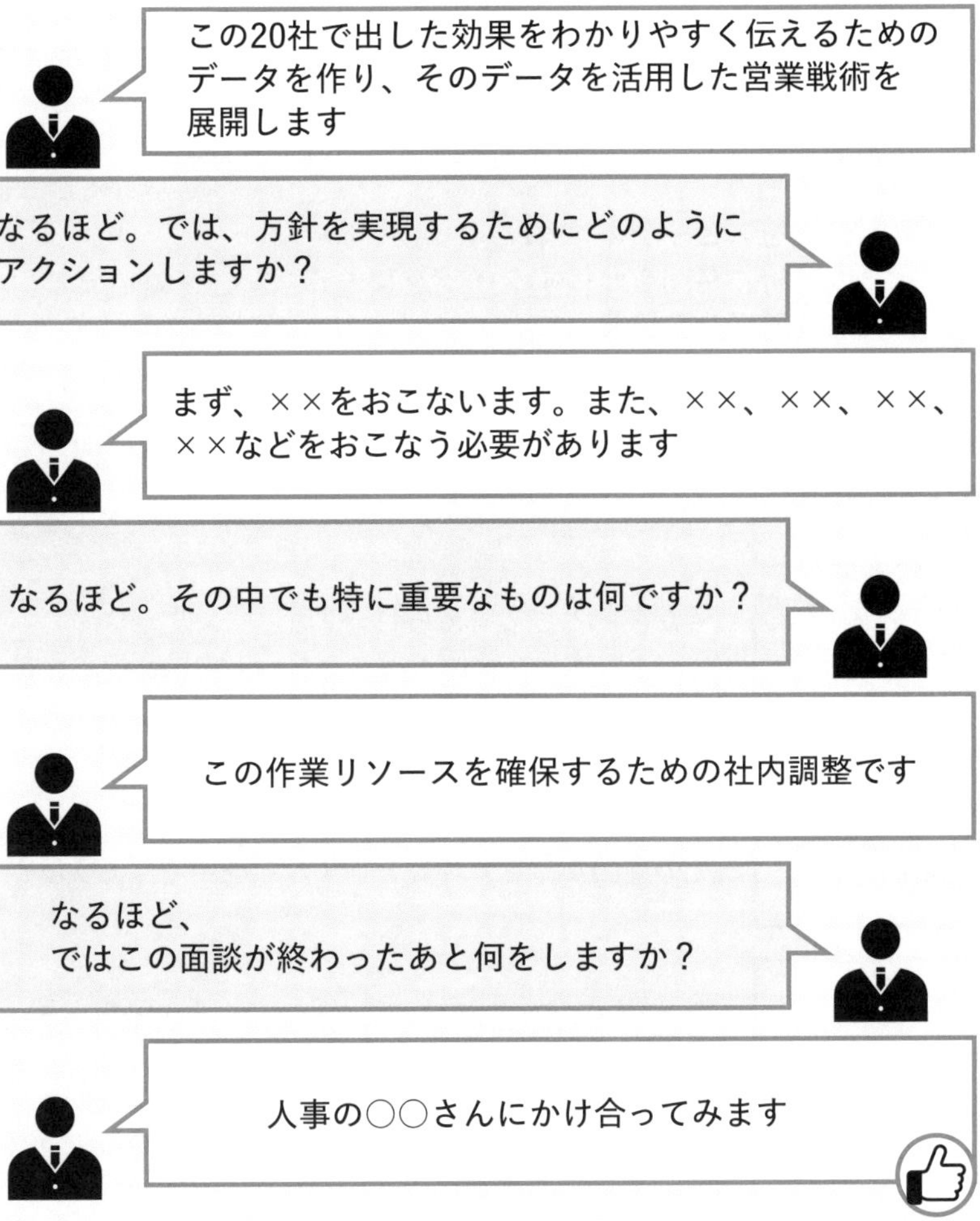
この20社で出した効果をわかりやすく伝えるためのデータを作り、そのデータを活用した営業戦術を展開します
なるほど。では、方針を実現するためにどのようにアクションしますか？
まず、××をおこないます。また、××、××、××、××などをおこなう必要があります
なるほど。その中でも特に重要なものは何ですか？
この作業リソースを確保するための社内調整です
なるほど、
ではこの面談が終わったあと何をしますか？
人事の○○さんにかけ合ってみます

図11-6

要因分析フレーム

活用シーン

戦略の精度を高めたい時

✓要因を深掘ることが次の一手につながりそうな時

要因分析をスピーディに おこないたい時

✓要因分析に時間をかけずクイックにおこない、メンバーと共通認識にしたい時

質問のフレーム

結果の認識	・今回はどのような結果が出ましたか？ ・当初の目標に比べ、どのようなGAPがありましたか？
要因のアタリ	・何が要因として考えられますか？ ・そのうち大きな要因と考えられるものはどのようなものがありますか？ ・そのように考えるのはなぜでしょうか？
要因深掘り	・その要因が起きたのはどのような理由でしょうか？
行動改善	・もう1度やるとすれば、どのようなことを改善できたのでしょうか？
次の一手	・今回の分析を踏まえ、今後はどのような方針で臨むのがいいでしょうか？
実行促進	・では、この面談が終わった後は何をおこないますか？

図11-7-1

要因分析フレームの会話例①

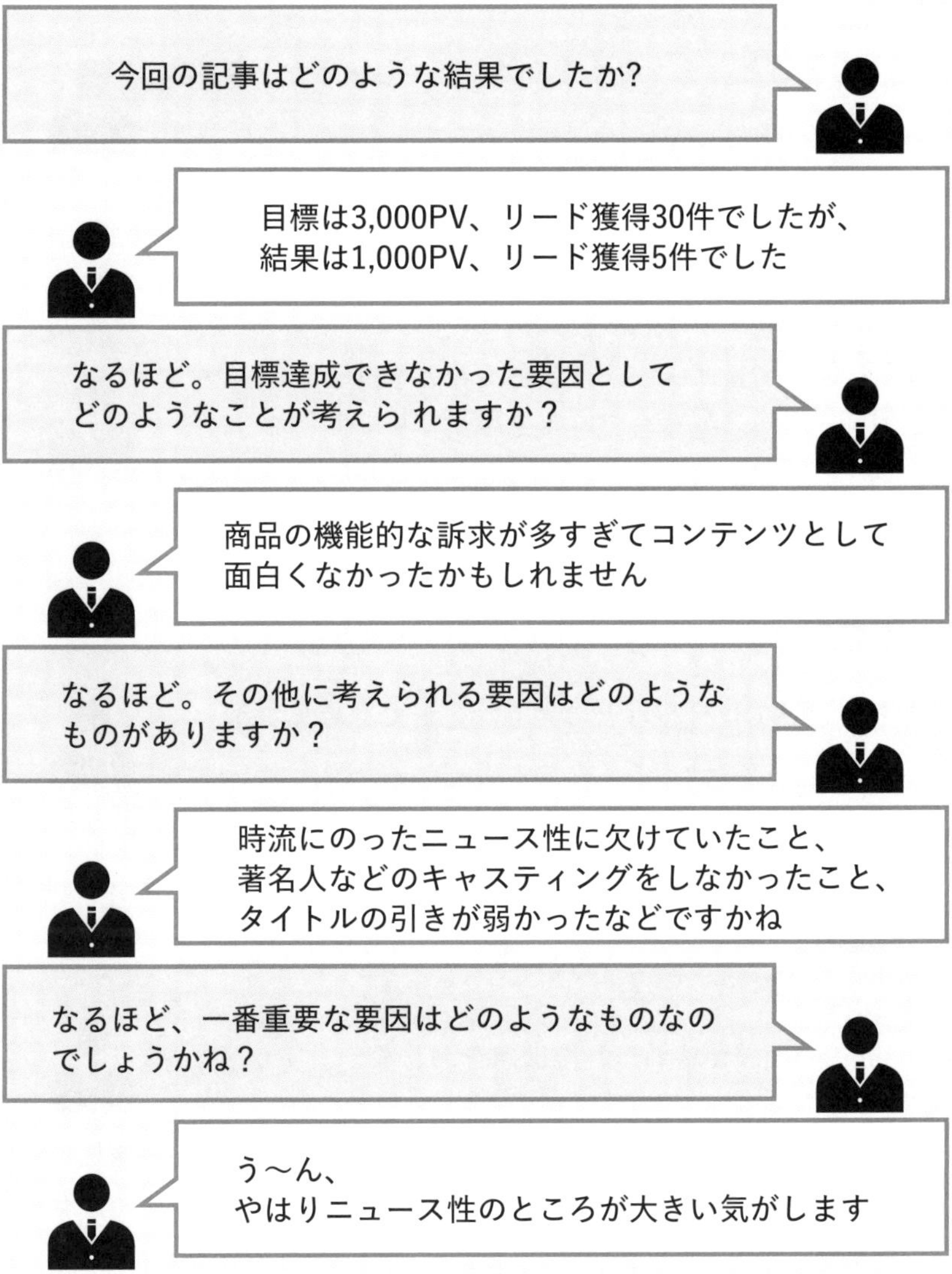
今回の記事はどのような結果でしたか?
目標は3,000PV、リード獲得30件でしたが、結果は1,000PV、リード獲得5件でした
なるほど。目標達成できなかった要因としてどのようなことが考えら れますか？
商品の機能的な訴求が多すぎてコンテンツとして面白くなかったかもしれません
なるほど。その他に考えられる要因はどのようなものがありますか？
時流にのったニュース性に欠けていたこと、著名人などのキャスティングをしなかったこと、タイトルの引きが弱かったなどですかね
なるほど、一番重要な要因はどのようなものなのでしょうかね？
う～ん、やはりニュース性のところが大きい気がします

図11-7-2
要因分析フレームの会話例②

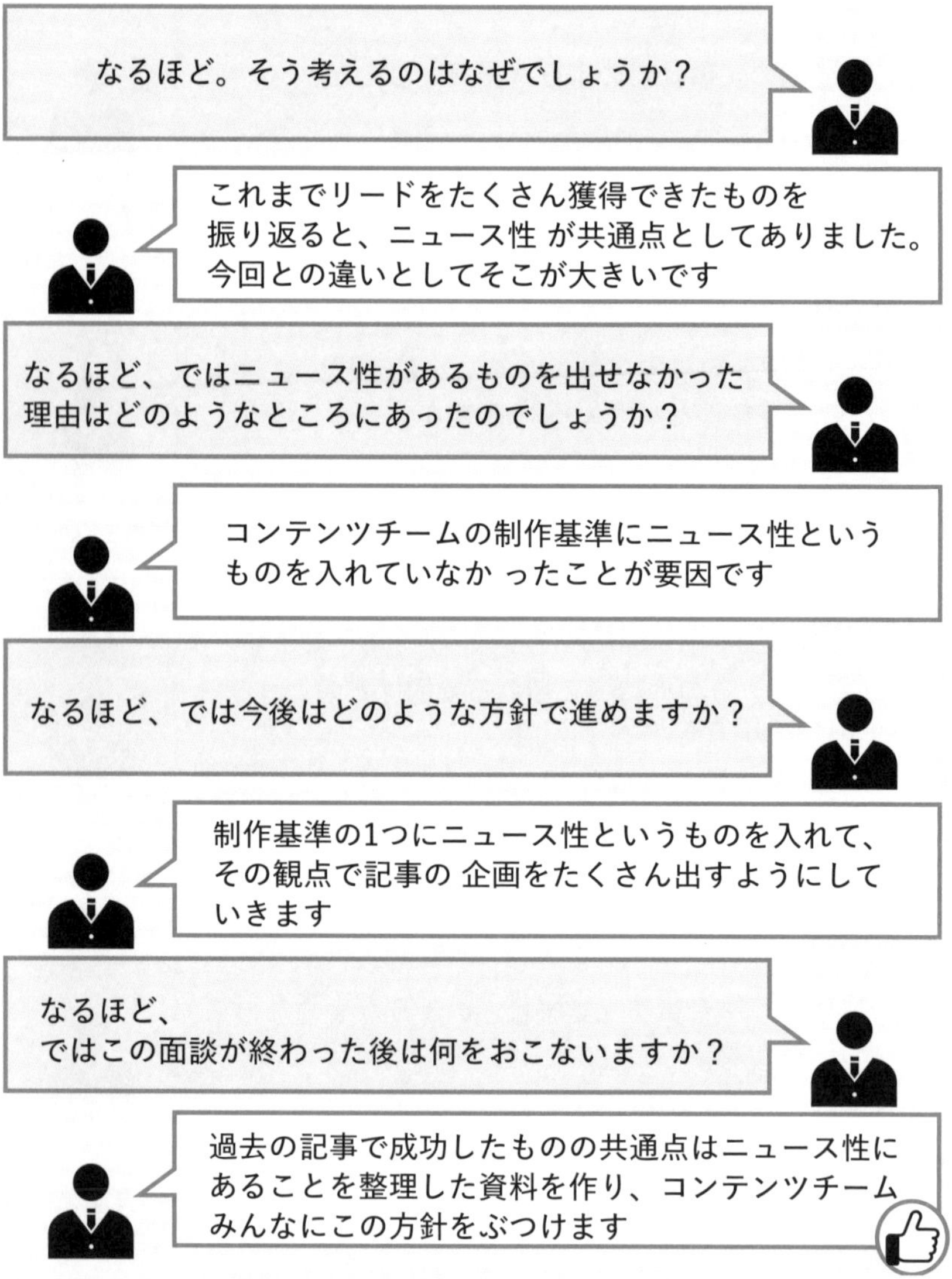
なるほど。そう考えるのはなぜでしょうか？
これまでリードをたくさん獲得できたものを振り返ると、ニュース性 が共通点としてありました。今回との違いとしてそこが大きいです
なるほど、ではニュース性があるものを出せなかった理由はどのようなところにあったのでしょうか？
コンテンツチームの制作基準にニュース性というものを入れていなか ったことが要因です
なるほど、では今後はどのような方針で進めますか？
制作基準の1つにニュース性というものを入れて、その観点で記事の 企画をたくさん出すようにしていきます
なるほど、ではこの面談が終わった後は何をおこないますか？
過去の記事で成功したものの共通点はニュース性にあることを整理した資料を作り、コンテンツチームみんなにこの方針をぶつけます

中間レビューや、業務やプロジェクトの節目に有効です。

❹キャリア構築フレーム

メンバーが中長期的な自分のキャリアを考える際に活用します。メンバーがキャリアに悩んだタイミングや、評価期間が終わって次の目標設定に入る前のタイミングでの１on１ＭＴＧなどで有効です。

まずは、この４つのフレームをフレームどおりに活用することから始めるといいと思います。

ティーチングとコーチングの違い

「コーチングをしてもこちらの思うような答えが出ない時は、こちらから誘導したり教えたりしてもいいのでしょうか？」

そんな質問はよくいただきます。この場合、コーチングがそもそも何なのかを勘違いしているケースが非常に多いです。

そもそもコーチングは「相手に答えがある」「どんな答えであったとしても、自分が出す答えよりはきっといいはずなので、その答えを支持する」という時に使います。

それは、ベンチャーの業務においては具体的にはどのような状況の時なのでしょうか？　それは、

図11-8
経験学習フレーム

活用シーン

メンバーの学びを促進したい時

✓メンバーが学びを得るための良い経験ができたとき

メンバーに自信をつけてほしい時

✓成功体験を自分の力が実現した成功だと認識してもらい、自信をつけてほしいとき

質問のフレーム

経験の振り返り	・今回はどのような経験をしましたか？ ・具体的にはいつだれとどのようなことをしたのですか？
想定との違い	・当初想定していなかったことは、どのような出来事でしたか？
結果の認識	・今回の結果はどのように捉えていますか？
学びの言語化	・今回の出来事から学べたことはどのようはことがありましたか？ ・具体的にどのような出来事からそれを学びましたか？
今後の活用	・今回の学びを、これからの仕事にどう活かしていきますか？
実行促進	・では、この面談が終わった後は何をおこないますか？

図11-9-1
経験学習フレームの会話例①

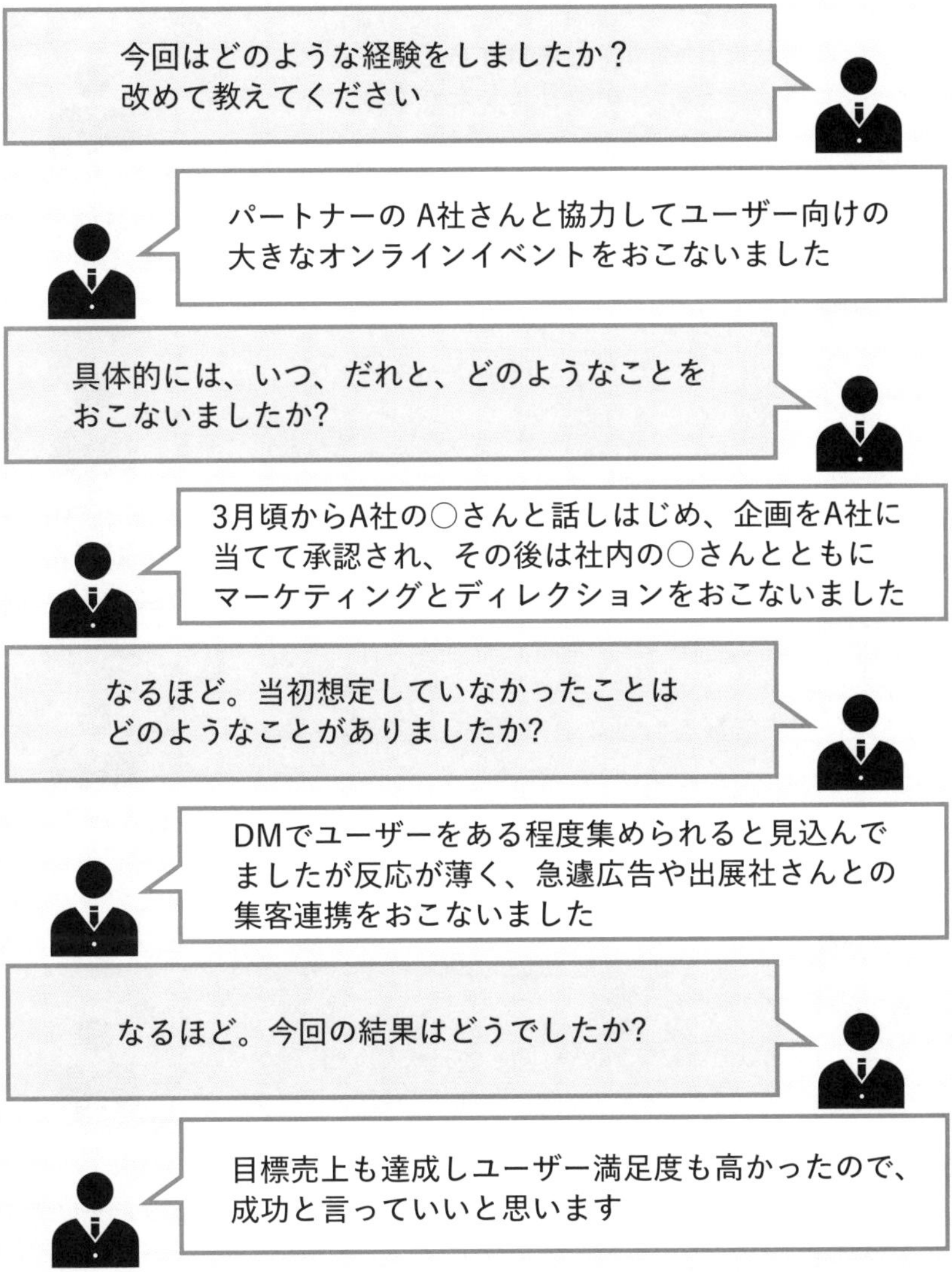
今回はどのような経験をしましたか？
改めて教えてください
パートナーの A社さんと協力してユーザー向けの
大きなオンラインイベントをおこないました
具体的には、いつ、だれと、どのようなことを
おこないましたか?
3月頃からA社の○さんと話しはじめ、企画をA社に
当てて承認され、その後は社内の○さんとともに
マーケティングとディレクションをおこないました
なるほど。当初想定していなかったことは
どのようなことがありましたか?
DMでユーザーをある程度集められると見込んで
ましたが反応が薄く、急遽広告や出展社さんとの
集客連携をおこないました
なるほど。今回の結果はどうでしたか?
目標売上も達成しユーザー満足度も高かったので、
成功と言っていいと思います

図11-9-2
経験学習フレームの会話例②

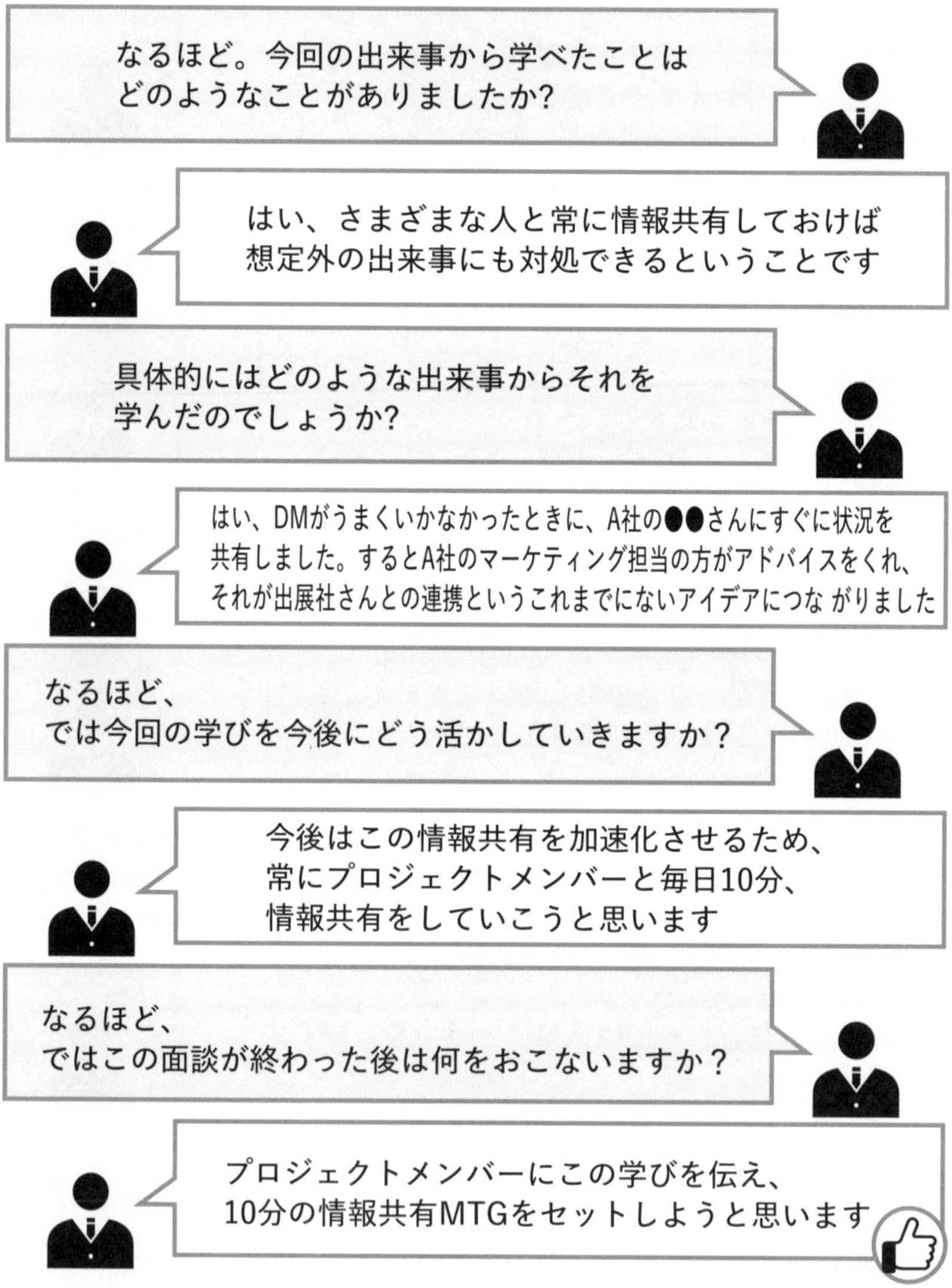
なるほど。今回の出来事から学べたことはどのようなことがありましたか?
はい、さまざまな人と常に情報共有しておけば想定外の出来事にも対処できるということです
具体的にはどのような出来事からそれを学んだのでしょうか?
はい、DMがうまくいかなかったときに、A社の●●さんにすぐに状況を共有しました。するとA社のマーケティング担当の方がアドバイスをくれ、それが出展社さんとの連携というこれまでにないアイデアにつながりました
なるほど、では今回の学びを今後にどう活かしていきますか?
今後はこの情報共有を加速化させるため、常にプロジェクトメンバーと毎日10分、情報共有をしていこうと思います
なるほど、ではこの面談が終わった後は何をおこないますか?
プロジェクトメンバーにこの学びを伝え、10分の情報共有MTGをセットしようと思います

図11-10

キャリア構築フレーム

活用シーン

メンバーがキャリアに悩 んでいる時

✓メンバーが自分のキャリアへの答えを見いだせていない時

メンバーに次の高みを目指してほしいとき

✓メンバーが次のチャレンジを見いだせておらず成長が鈍化しそうな時

質問のフレーム

キャリア目標	・キャリアにおける理想の最終ゴールはどのようなものですか？ ・ベンチマークとなるようは人はいますか？(社外含め) ・1年後だと目標はどのようなものになりますか？
現在の仕事	・現在はどのような位置づけなのでしょうか？ ・目標達成に向けてあなたの能力や知見など足りないところはありますか？
リソースの確認	・キャリア目標達成に向けてあなたが活用できるリソースはどのようなものがあるでしょうか？ (機会、チームメンバー、事業)
方針	・今後どのような方針でキャリア目標達成に向かっていきますか？
アクション	・方針を実現するためにはどのようなアクションが考えられますか？ ・その中でも特に重要なものはどれですか？
実行促進	・では、この面談が終わった後は何をおこないますか？

図11-11-1
キャリア構築フレームの会話例①

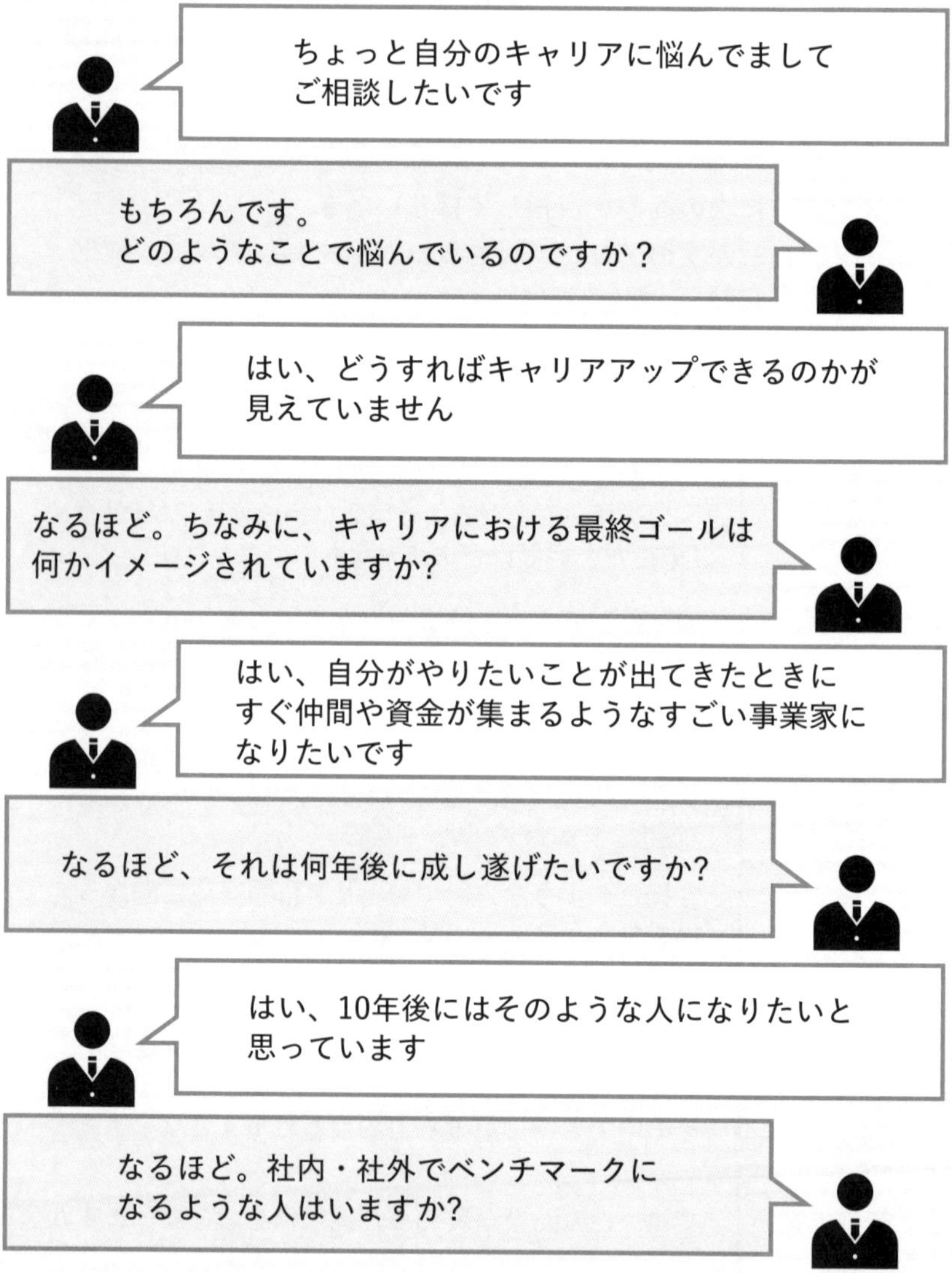
ちょっと自分のキャリアに悩んでまして
ご相談したいです
もちろんです。
どのようなことで悩んでいるのですか？
はい、どうすればキャリアアップできるのかが
見えていません
なるほど。ちなみに、キャリアにおける最終ゴールは
何かイメージされていますか?
はい、自分がやりたいことが出てきたときに
すぐ仲間や資金が集まるようなすごい事業家に
なりたいです
なるほど、それは何年後に成し遂げたいですか?
はい、10年後にはそのような人になりたいと
思っています
なるほど。社内・社外でベンチマークに
なるような人はいますか?

図11-11-2
キャリア構築フレームの会話例②

そうですね、
A社の○○さんは目指す姿に近いと思います

なるほど。
ではこの1年で考えるとどのような目標になりますか？

そうですね、担当している新規事業を軌道に乗せ
世の中的にも注目されるというところまでは持って
いきたいです

なるほど。それに向けてあなたに足りない能力・
知見など、どのようなことが挙げられますか？

そうですね、目標達成に対し戦略を素早く修正して
いく能力は足りないかもしれません

なるほど。ほかには何かありますか？

人を動かすマネジメント能力も足りていないかも
しれません

なるほど。1年後のキャリア目標達成に向けあなたが
活用できるリソースはどのようなものがあるでしょうか？

図11-11-3
キャリア構築フレームの会話例③

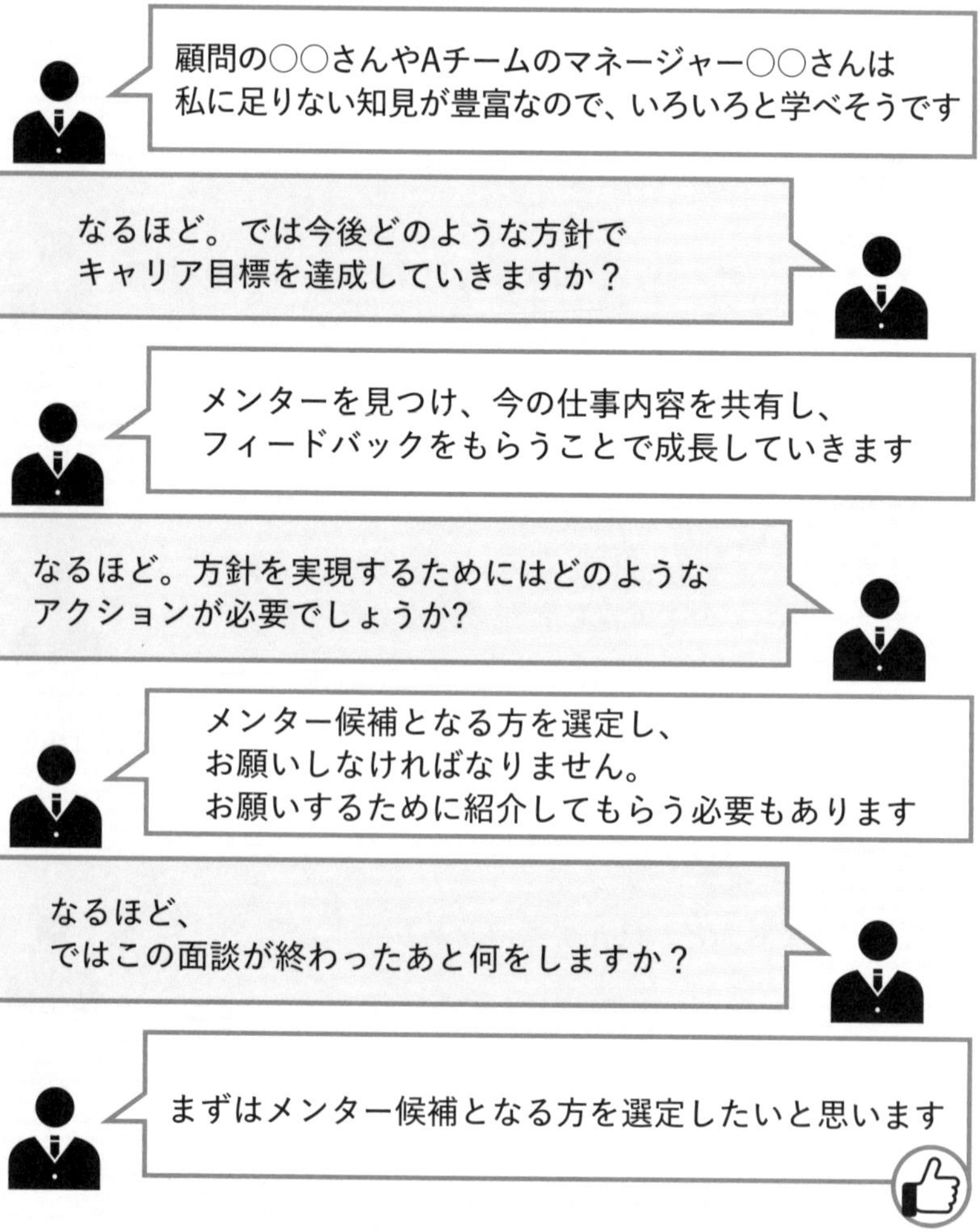
顧問の○○さんやAチームのマネージャー○○さんは
私に足りない知見が豊富なので、いろいろと学べそうです
なるほど。では今後どのような方針で
キャリア目標を達成していきますか？
メンターを見つけ、今の仕事内容を共有し、
フィードバックをもらうことで成長していきます
なるほど。方針を実現するためにはどのような
アクションが必要でしょうか?
メンター候補となる方を選定し、
お願いしなければなりません。
お願いするために紹介してもらう必要もあります
なるほど、
ではこの面談が終わったあと何をしますか？
まずはメンター候補となる方を選定したいと思います

次の2つしかありません。

①キャリアなど相手にしか答えがわからないテーマ
②相手にとって「スキル十分」の業務のテーマ

この2つについて、基本的には相手が出した答えが「ファイナルアンサー」という前提で活用します。問題を解決するのは、自分ではなく相手です。マネージャーが解決する必要はないのです。相手が自己解決するのを横で見守るようなイメージです。

「相手に考えてもらいつつ、自分の答えを提示したい」というのであれば、そもそもコーチングではなく、ティーチングを使います。ティーチングは「答えはこちら」、コーチングは「答えは相手」という点で、明確に線引きをします。

クイズと壁打ち

ティーチングとコーチングの間のようなコミュニケーション方法ですが、明確にティーチングの派生コミュニケーションとして、2つの方法があります。

クイズ

図11-12

コーチングを使う2つの状況

① 相手にしか答えがないテーマ

将来の夢、キャリア、自分のWill ………etc

② スキル十分の業務に関するテーマ

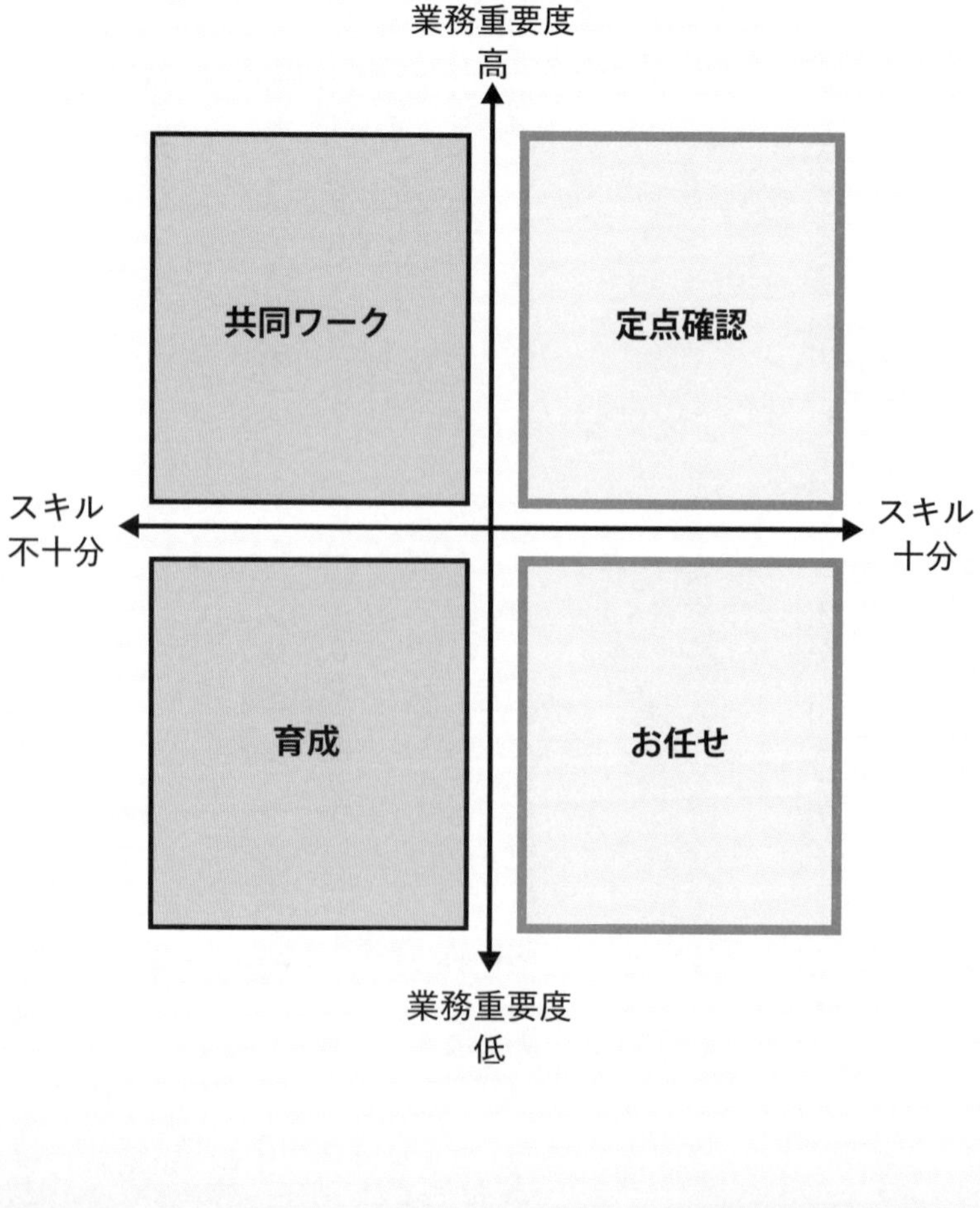
業務重要度
高
共同ワーク
定点確認
スキル
不十分
スキル
十分
育成
お任せ
業務重要度
低

相手に問いを立て、相手が答えたものに対して、正解・不正解と判断を下し、答えを解説する。

壁打ち
相手に問いを立て、相手の答えを受け止めつつ、自分の答えも提示して、それを交換しながら答えを生み出す。

「相手に考えてもらいつつ、自分の答えも提示したい」という場合は、この2つの方法のどちらかを使います。

コーチングでつまづくポイント

コーチングでよくつまづくポイントは次のことです。実施の際は注意してみてください。

メンバーにとって何の気づきもない、マネージャーがメンバーの状況を理解するための質問を繰り返す。結果、メンバーの問題をマネージャーが解決しようと、メンバーに意見や答えを提示してしまう

相手の話している詳細がわからなくても大丈夫ですし、詳細を把握することが目的ではありません。相手が問題解決をするのであって、あなたが問題解決をするのではありません。「相手は自分でその問題を解決できるはず」と信じて、そのサポートをする質問に徹しましょう。

図11-13
クイズと壁打ち

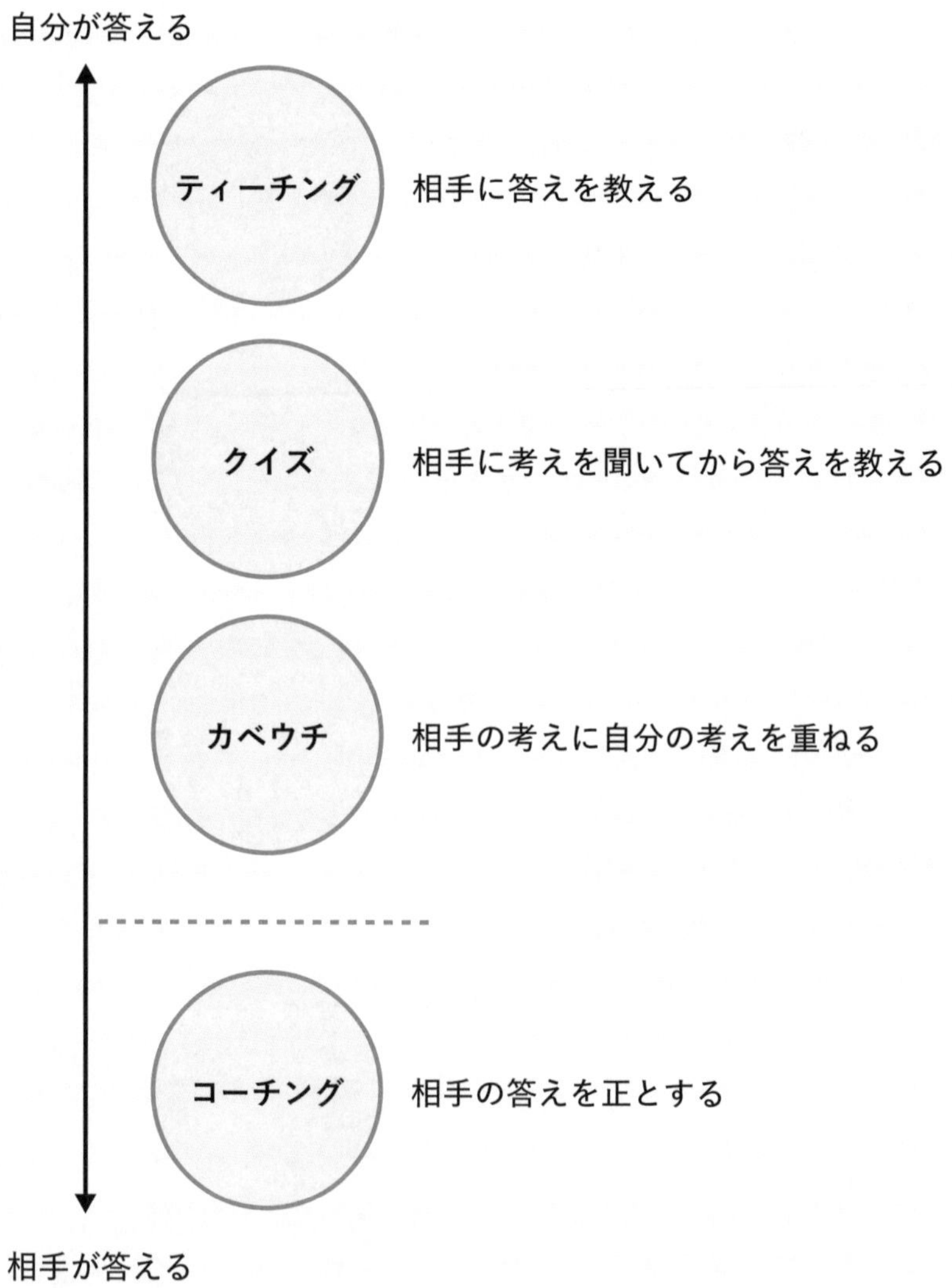
自分が答える
ティーチング
相手に答えを教える
クイズ
相手に考えを聞いてから答えを教える
カベウチ
相手の考えに自分の考えを重ねる
コーチング
相手の答えを正とする
相手が答える

メンバーの現状確認の質問に終始し、メンバーの目指す理想の状態を先に聞かない。結果、メンバーは自分で目標を述べないので、自分の問題に当事者意識が薄くなり、マネージャーからの質問を受け身で答えるのみになってしまう

まず相手に、理想の状態を聞きましょう。すべてはそこから始まります。

マネージャーが思う解決案に相手を誘導しようとし、クローズドクエスチョン（YESかNOか、AかBかなど絞った選択肢から選ばせる質問）をメンバーに繰り返し、詰めているようなコミュニケーションになる

はじめはオープンクエスチョンに徹し、後半で結論やアクションを詰めていく際にクローズドクエスチョンを駆使しましょう。

4 フィードバック

フィードバックは「誠実」ゾーンで

フィードバックというのは、「相手が気づいていない事実を相手に伝えることで相手の行動を変化させる」という手法です。相手を褒めるときにももちろん活用するのですが、実際の利用シーンとしては、「相手が気づいていない、耳の痛い事実を伝える」時に使うことが多いです。その際、どんなスタンスで相手に伝えるかが非常に重要です。

相手を心から気にかけつつもはっきり伝えないのであれば、それはただの忖度です。結果的に相手は何も変わらないですし、相手にとって何のメリットもありません。

相手を心から気にかけず相手にはっきりと伝えるなら、それはただの攻撃です。相手を傷つけにかかってます。「相手が憎い」とか「相手が嫌い」といった、私情に負けた結果です。

相手を心から気にもかけないし、はっきりと伝えないのは、無関心です。メンバーにとって最も辛いものになります。

フィードバックによって相手を改善に導こうとするなら、相手を心から気にかけたうえではっきり

図11-4
フィードバックの4象限

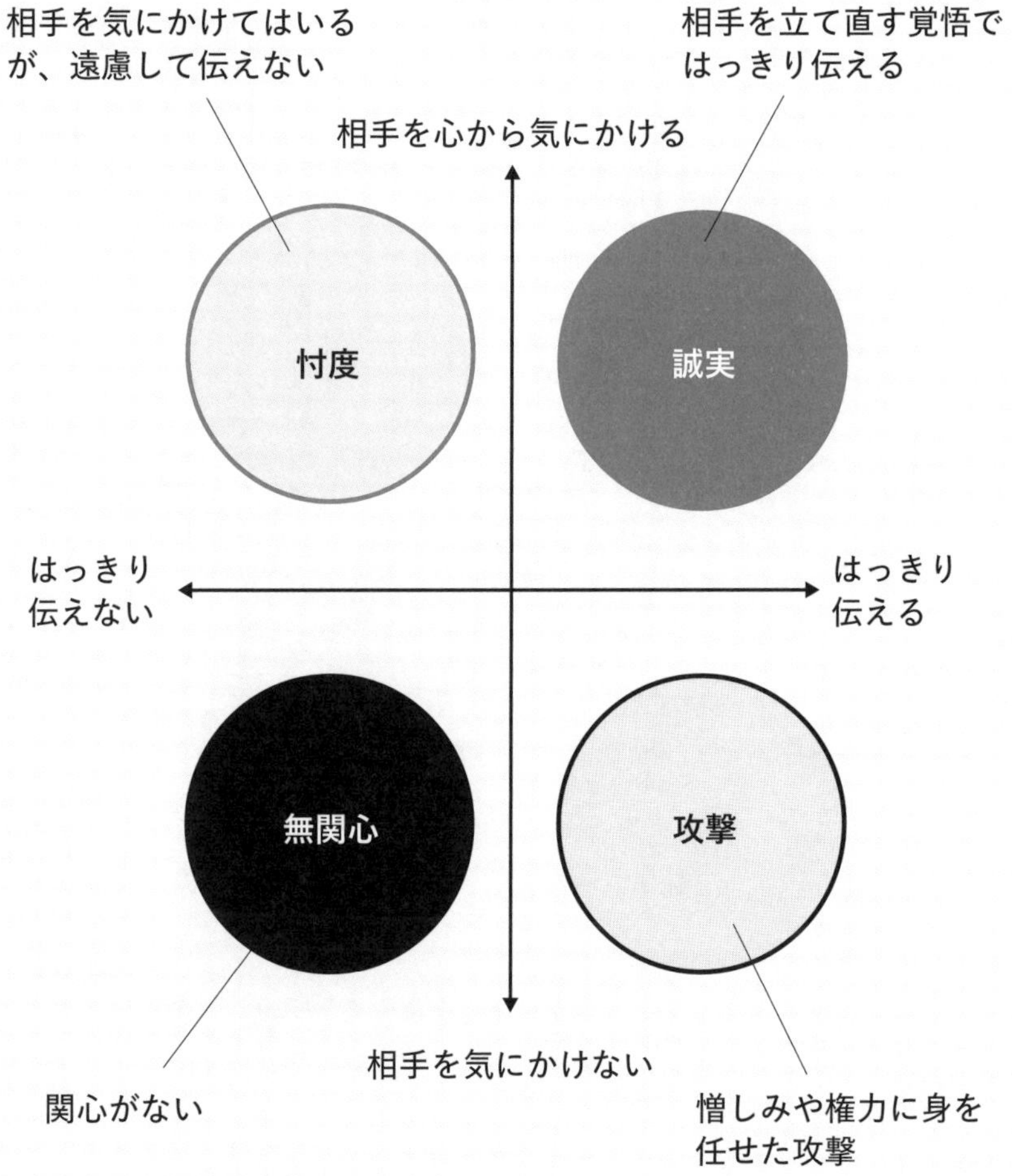

と伝える、「誠実」ゾーン以外ありえません。

相手にとって耳の痛いことを言えば、もちろんその時は相手に恨まれます。誠実ゾーンだろうが攻撃ゾーンであろうが、相手はフィードバックしたマネージャーに対して嫌な感情を抱くでしょう。でも、そこから逃げてはいけません。それでも、相手のことを心から気にかけて、相手のためにおこなったフィードバックであれば、時間が経てば相手から極上の感謝をされます。

マネージャーにとって最も憂鬱な仕事がフィードバックですが、最もメンバーに感謝される仕事もまたフィードバックです。

「そこまで言い辛いことを言ってくれて本当にありがとう」

時間が経てば、メンバーから言われることでしょう。

フィードバックから逃げないマネージャーは、最終的に最上級の信頼をメンバーから得られます。

炎上→内省のプロセスを経て立て直す

フィードバックの具体的なプロセスは、図のようなものになります。

図11-5
フィードバックのプロセス

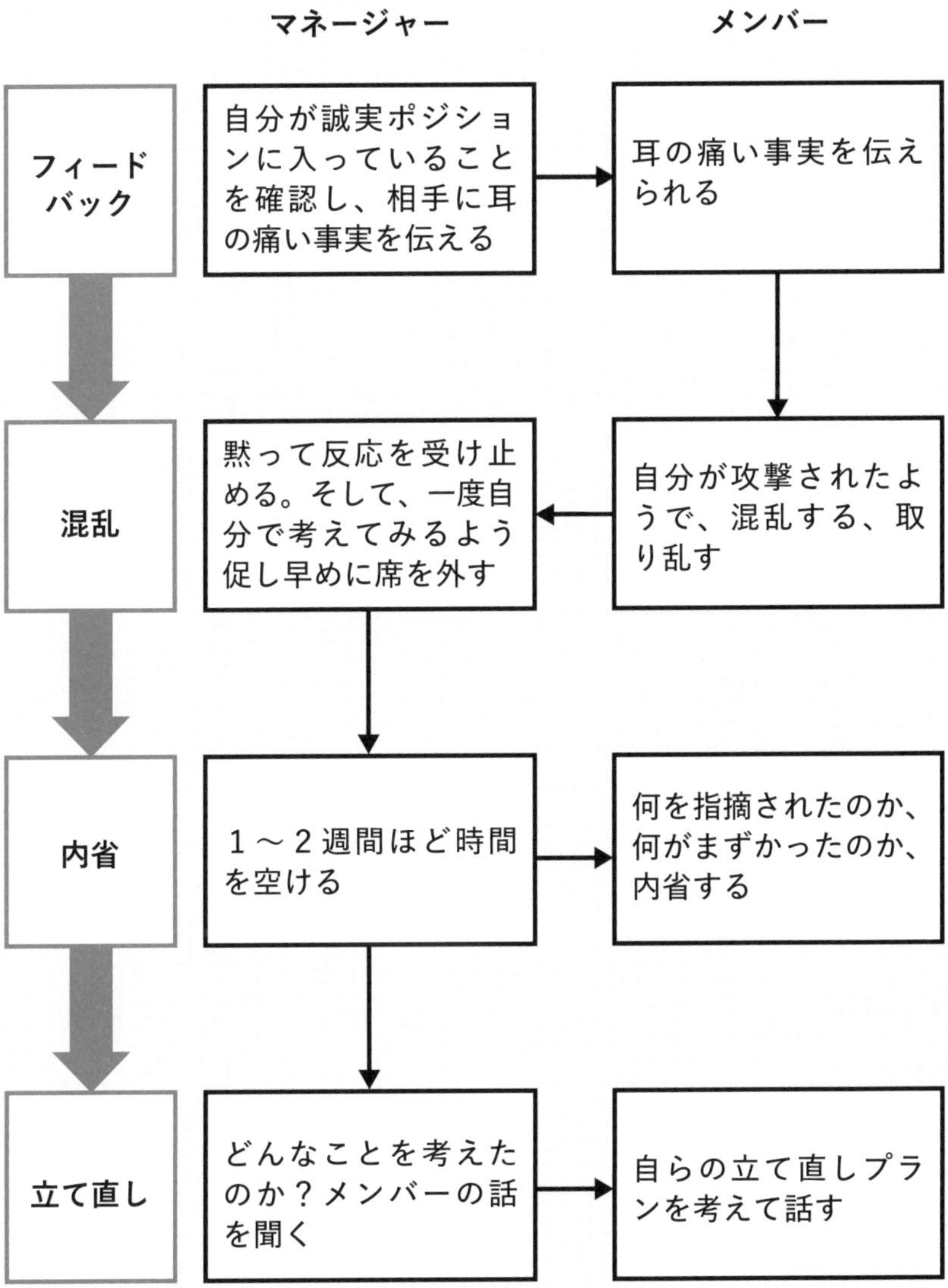

フィードバック

マネージャーは、事実をもとにはっきりと伝えます。

混乱

メンバーは、それが事実かどうかに関わらず、痛い点を突かれたことで混乱します。場合によっては怒ったり泣いたり、感情的な反応を示します。

内省

感情的な反応を示した時点で、その場では何を話そうがメンバーには伝わりません。MTGを途中で切り上げ、1～2週間ほど時間を空けます。

立て直し

フィードバックした内容が事実で的を射ていれば、メンバーは1～2週間で落ち着きを取り戻し、反省してきます。相手の考えたことをじっくり聞き、承認し、応援を約束します。

具体的なやりとりの例は、図のようになります。相手が感情的な反応を示したら、一度時間を置くことが重要です。そこでロジカルに事実を説明し、相手の逃げ場がないほどに理路整然と伝えても、相手は受け止め切れません。感情的な反応を示した時点で、冷静な話し合いはできないと考えてください。

図11-16-1

フィードバックの会話例①

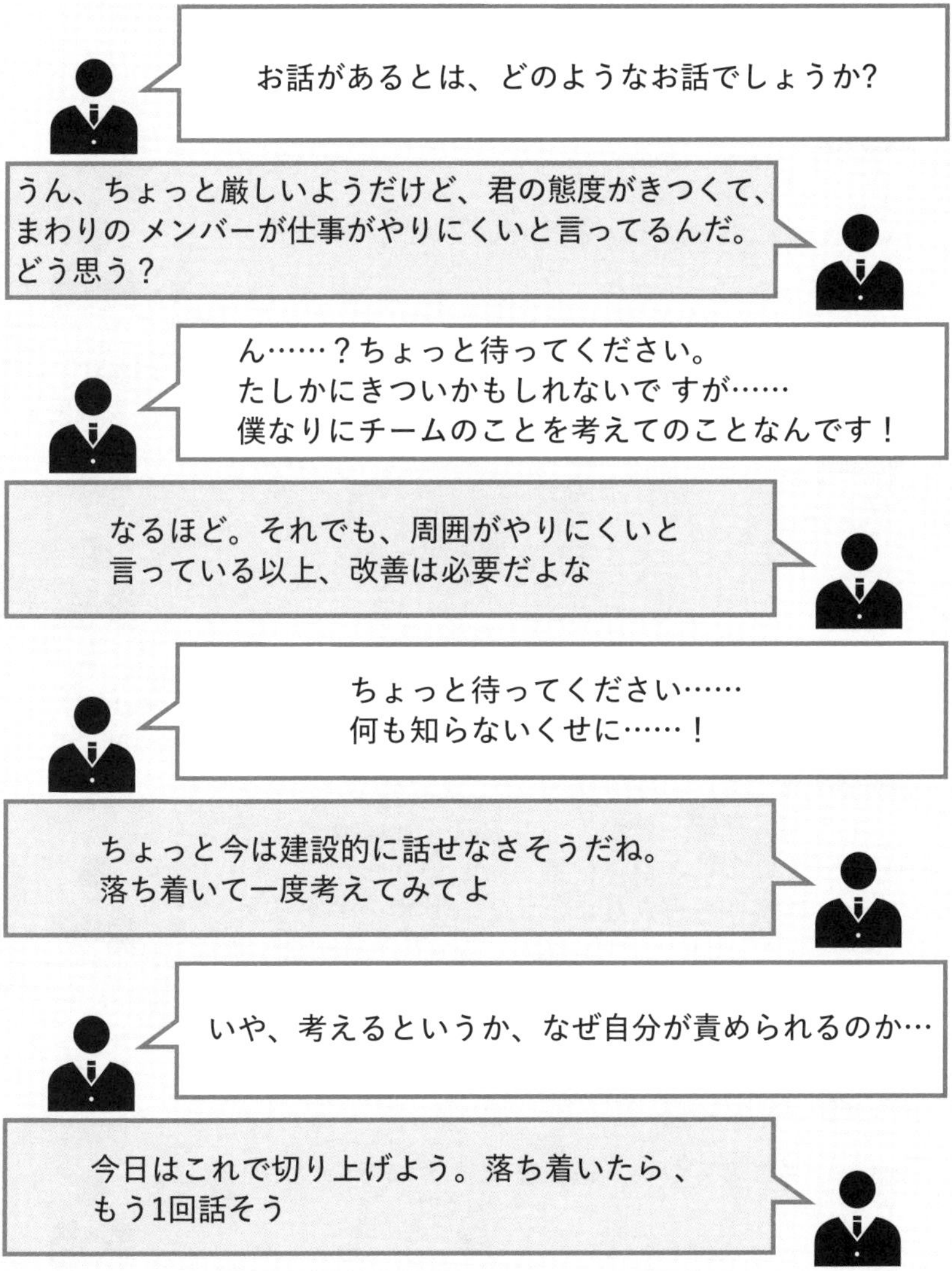
お話があるとは、どのようなお話でしょうか?

うん、ちょっと厳しいようだけど、君の態度がきつくて、まわりの メンバーが仕事がやりにくいと言ってるんだ。どう思う？

ん……？ちょっと待ってください。たしかにきついかもしれないで すが……僕なりにチームのことを考えてのことなんです！

なるほど。それでも、周囲がやりにくいと言っている以上、改善は必要だよな
ちょっと待ってください……何も知らないくせに……！

ちょっと今は建設的に話せなさそうだね。落ち着いて一度考えてみてよ
いや、考えるというか、なぜ自分が責められるのか…

今日はこれで切り上げよう。落ち着いたら 、もう1回話そう

図11-16-2

フィードバックの会話例②

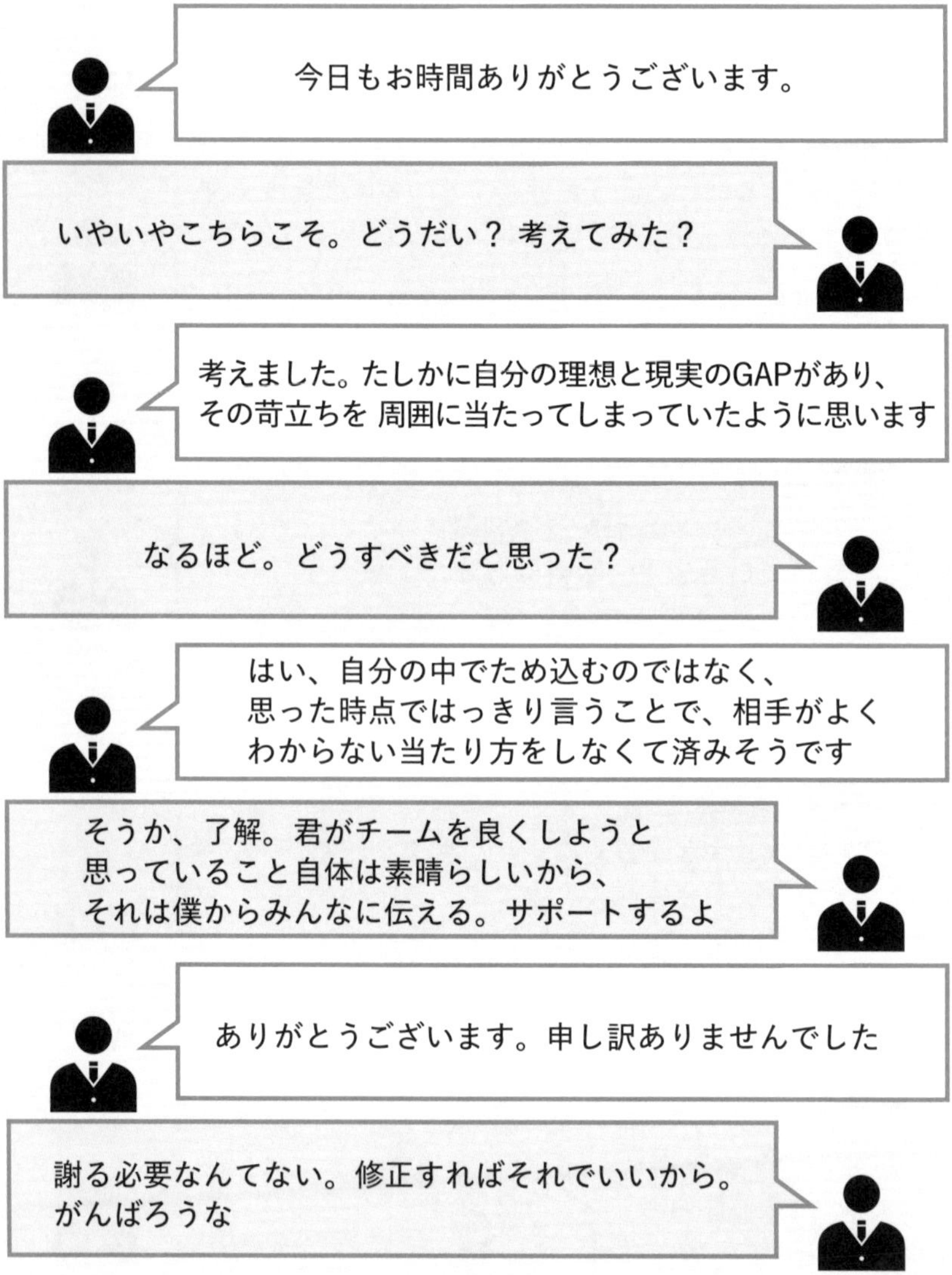
今日もお時間ありがとうございます。
いやいやこちらこそ。どうだい？ 考えてみた？
考えました。たしかに自分の理想と現実のGAPがあり、
その苛立ちを 周囲に当たってしまっていたように思います
なるほど。どうすべきだと思った？
はい、自分の中でため込むのではなく、
思った時点ではっきり言うことで、相手がよく
わからない当たり方をしなくて済みそうです
そうか、了解。君がチームを良くしようと
思っていること自体は素晴らしいから、
それは僕からみんなに伝える。サポートするよ
ありがとうございます。申し訳ありませんでした
謝る必要なんてない。修正すればそれでいいから。
がんばろうな

フィードバックの際に気をつけるべき点

フィードバックというのは「劇薬」です。使い方をまちがえれば、メンバーを追い込むことになりかねません。次の点に注意してください。

❶事実をもとにフィードバックする

事実に基づかないフィードバックでは、相手も納得せず炎上するだけですし、マネージャーに対する信頼も失墜します。フィードバックは必ず事実に基づいておこないます。単なる印象をもとにおこなってはいけません。

❷メンバーがパニックゾーンにいないか注意する

メンバーが、高い目標や不適切な直接関与などでパニックゾーンにいないかどうかを確認します。パニックゾーンにいるメンバーにフィードバックをしてしまうと、相手に致命的な打撃を与えてしまい、会社に来れなくなったり退職したりすることになりかねません。

❸自分だけで実行を判断しない

メンバーの改善点が必要以上に気になりすぎていたり、メンバーの仕事のスタイルが好めず攻撃ゾーンに入っていたり、フィードバックはメンバーだけではなく自分も感情的になりやすいコミュニケーションです。「この人に、こういうことを伝えようと思う」と、事前に上司やリーダークラスのメンバーに相談してみるといいでしょう。そこまできついことを言う必要がなかったり、自分の感情が先走っていたりすることに気づける場合もあります。

❹サポートメンバーを付ける

フィードバックを受けた後、内容次第では、メンバーはかなりのショックを受けます。その後に時間を置くわけですが、メンバーの精神状態が不安でもあります。その時に、メンバーに寄り添い話を聞きつつ、マネージャーのフィードバックの意図をそれとなく伝えてメンバーを導いてくれるサポートメンバーが必要です。フィードバックされたメンバーも相談相手として認めることができる関係性で、かつそのメンバーと関係性のある人をサポートメンバーに置くといいでしょう。

フィードバックでつまづくポイント

フィードバックでよくつまづくポイントは次の3つです。

中途半端にメンバーの意見を聞きつつ伝えようとするがあまり、メンバーの感情的で強烈な反論に飲み込まれてしまい、伝えるべき改善要望が伝えきれない

フィードバックは「●●という事実があるので、XXのように改善してほしい」と「言い切り」ます。言い切らず、中途半端に「どう思う?」など確認を入れると、相手の感情的な反論に飲み込まれ、伝えるべきことが伝えきれません。

論点のすり替えをするメンバーに飲み込まれ、妥協案を示してしまう

たとえば「周囲がやり辛いと言っているので、きちんとルールを守ってほしい」という改善要望に対し、「そもそもルールの意味がわからない」というのは論点がすり替わっています。一度合意したルールであれば、それを守りつつ健全に意見を上げるべきところ、ルールを無視し、指摘された時にそのルールそもそもの必要性を持ち出すのは、論点がズレています。ルールを守るという話を、ルールの意味へと話をすり替えています。

このような「論点のすり替え」に対し、「ルールの改善案」を議論してしまうパターンでは、ルールの改善案を議論したところで、そもそも「ルールを守る」ということが徹底できないのであれば、いずれまた破られるでしょう。

感情的になるメンバーに対し、相手が納得するまで何度もフィードバックしてしまう

これは、メンバーが受け止めて考えられるような状態でないことを考慮せず、「ただただ納得させたい」というマネージャーの一方的な思惑でフィードバックを続けてしまうケースです。大炎上してお互い引っ込みがつかなくなったり、メンバーの傷に塩を塗り続けてメンバーがマネージャーを人と

して信用できなくなってしまうなど、致命的な関係性の崩壊につながりかねません。メンバーが感情的になったら、そこでＭＴＧは切り上げて一定期間を置き、メンバーに内省を促しましょう。

第12章

マネージャーの立ち位置と心得

自分が大きくて企業ブランドのある会社に勤めているならば、今のマネージャーが信用できなかったとしても、「辞めるのはもったいない、上司が変わるタイミングもあるだろう」と思いとどまることもあるかもしれません。しかし、ベンチャーの場合、企業ブランドがないので「辞めるのはもったいない」と思うこともありません。会社の看板がメンバーを引き留めてくれるわけでもなく、マネージャーが信用できないと判断すれば社員は辞めます。

ベンチャーのマネージャーは、大きな会社のマネージャーよりも、自分の人間性がよりダイレクトに成果につながると考えたほうがいいでしょう。マネージャーのあり方ひとつで、メンバーが離れる可能性があります。逆に言うと、マネージャーのあり方次第では、人が定着し、活き活きと働き、成果を出すことも可能です。ベンチャーマネージャーとしてのあり方・人間性は、成果を残すために非常に重要なものになります。

ここまで、ベンチャーマネージャーとしての技術面を型にしてお伝えしてきましたが、いくら技術を身につけたところで、正しいあり方・人間性が備わってなければ、その技術は活きません。このあり方・人間性も型にして、型に自分を照らし合わせながら自分を磨いていくことは可能です。人間性を高めることに終わりはないわけですが、常に型を意識し、磨いていくことが重要です。最後の型として、技術を活かすマネージャーのあり方・人間性の型をお伝えします。

あり方・人間性には「立ち位置」と「心得」というものがあります。

立ち位置は、ベンチャー企業におけるマネージャーはどの位置で、どのような立場であることを意識して仕事をすべきなのか、その認識のことを指します。どれだけ技術に長けていても、そもそも会社における自分の立ち位置を誤れば、メンバーを動かすことはできません。

心得は、ベンチャー企業のマネージャーが特に肝に銘じるべき、マネジメント業務に臨むスタンスのことを指します。スタンスがまちがっていれば、技術も有効に働きません。ベンチャー企業のマネージャーとして正しいスタンスで業務に臨みたいものです。

それぞれどのようなものなのか、見ていきたいと思います。

1 立ち位置

マネージャーは経営陣の一員である

第1章でもお伝えしましたが、大企業の課長や係長であれば、「社長に会ったことはない」「役員と会話したことはない」などはよくあることですが、ベンチャーではそれはありえません。基本的にマネージャーの上司は役員であり社長であることがほとんどです。直属の上司でなくても、従業員数2000人程度までの規模なら、マネージャーが社長や役員と仕事をするのは日常茶飯事です。

マネージャーは、経営者である社長や役員から直接仕事を受け、それを実行する、「経営の代理人」です。そして、経営者の意向を汲んで業務を実行する、時には経営陣に進言して経営陣にそれを反映させる、などまさに「経営陣の一員として」動くことになります。

経営陣の一員であるならば、経営者と直接会話できるだけの視座を持ち合わせなければならないですし、時には経営者に会社全体のことを考えた進言もしなければなりません。メンバーに対しては、会社の目指す目標や戦略を自分の言葉で語れなければならないですし、メンバーから会社に対する質問は「経営者に聞いてくれ」ではなく、マネージャーが経営陣の一員として向き合います。

「経営陣の一員である」と認識して仕事に臨むのか。
「単なる中間管理職である」と認識して仕事に臨むのか。

その認識の違いで、マネージャーの行動は変わってきます。経営陣の一員であると認識して業務に臨むのが、ベンチャーのマネージャーです。

マネージャーは決める人である

ベンチャーのマネージャーは、経営陣の一員であることから、大企業の中間管理職よりも、会社への影響度は非常に大きなものがあります。たとえば営業マネージャーであれば、会社の唯一の収益源の責任者かもしれません。ある大企業の地方の営業所の所長とは、会社への影響度に雲泥の差があります。

ですので、時には会社に大きな影響を及ぼす意思決定を自分でおこなうことが必要なこともあります。「決める」というのは、合理的に検討しただけではできないこともあります。また、検討に使える時間が多くあるわけでもありません。合理的には判断がつかないことも、自分で仮説を立て、ある一定のタイミングで決めることが必要です。決めなければ、何もアクションは生まれず、成果も生まれません。

かつ、弱いベンチャーには、アクションをせずに立ち止まっている時間はありません。会社に影響のある重大なことを、早く「決める」という、難しい業務を担う必要があるのです。思考力はもちろん、勇気も必要ですし、「出した答えを絶対に正解にしてやる」という気概も必要です。ベンチャーのマネージャーは、会社に影響度が大きいことも、合理的に考えるだけではなく気概をもって「決める」人なのです。

マネージャーは地位ではなく役割である

本書で再三述べているように、ベンチャーは新規性が高く、正解が見えないプロジェクトに向き合います。マネージャー1人のアイデアで乗り切れるわけでもなく、チームメンバーが堂々と意見を延べ、その意見を十分活かしながら正解を見つけていきます。そこでは、マネージャーとメンバーは単なる役割の違いでしかない、「イーブン」な関係性を保つ必要があります。イーブンな関係ではなく、上下の関係であれば、メンバーが活発に現場の気づきを発信したり意見を述べたりすることはありません。

このイーブンな関係というのは、単に「職務権限とかルール上そうしてます」という話ではなく、「メンタリティ」としてイーブンな関係でいられるかどうかがポイントです。いくら「マネージャーとメンバーは役割の違いです」と言ったところで、働く人たちのメンタリティとして、「マネージャーが上、メンバーが下」となっていれば意味がありません。マネージャー個々人がイーブンなメンタリティをもって業務に臨む必要があります。

マネージャーとメンバーは友達ではない

極端な例ですが、日曜日に一緒にディズニーランドに遊びに行ったメンバーに、翌日厳しいフィードバックができますか？　よほど鋼のメンタルでも持ち合わせない限り、難しいでしょう。

マネージャーとメンバーは「友達」ではありません、「仕事仲間」です。その一線を越えてメンバーと友達のような「感情移入する関係」に入れば、マネージャーとしての業務は果たしにくくなります。会話の内容は「仕事中心」でおこなうべきですし、社外で時間を過ごす際も「職場の交流の立て付けで」会う必要があります。マネージャーとメンバーの相互理解は重要ですが、友達ではなく仕事仲間であるその一線を越えないように努めることが重要です。

「メンバーと友達のようにワイワイできないなんて寂しいですね」というご意見がありそうですが、「そのとおり」です。マネージャーは寂しいです。メンバーに日々指示をする、アサインをする、評価をする、など友達関係ではできないような仕事がたくさんあります。寂しくてあたりまえの仕事なのです。その寂しさに負けてはなりません。

2 心得

この節では、ベンチャーのマネージャーとしてあるべきスタンスについてお話しします。このスタンスに対して自分は今どのように臨んでいるのか、内省しながら読んでいただけるといいと思います。

多くの考えを受け入れる

答えがない、新規性が高いベンチャーにおいては、自分の考えをしっかりと持ちつつも、それだけを正解とは思わず、上司やメンバー、時には社外の人の意見も真剣に聞き、良い考えであればどんどん取り入れる柔軟性が必要です。自分だけの考えで完結できればそれでいいのですが、どんな名マネージャーでもそれはありえません。ベンチャーの特性上、常に答えを探索している状態が続きます。答えが見えないのであれば、周囲の考えを活かして、探索にレバレッジを利かせます。

また、ベンチャーにジョインする人は、自分の考えを発信したいと思う主体性がある人です。マネージャーがメンバーの考えや意見を聞かずに、自分の考えのみにこだわるのであれば、アイデアに溢れた主体性のある人財はどんどん辞めていきます。そんなベンチャーに勝ち目はあるのでしょうか。答えのない、新規性の高いプロジェクトを成功させるために、多くの考えを受け入れる器の大きなマネージャーを目指すべきです。

「多くの意見に右往左往しよう」というわけではありません。最終的には腹をくくって自分の意見を以て決めるべきなのですが、質の高い意思決定ができるよう、多くの考えを受け入れ聞いてから決めましょうということです。

静かな熱狂

マネージャーが業務に熱狂しすぎ、業務時間外や週末まで業務を強要するようなことはあってはなりません。自分の熱狂をメンバーに押し付けてはいけません。人生は仕事だけではありません。それはベンチャーでも同じことです。人には多様な価値観があり、望む生き方も1人1人違います。「ベンチャーだから深夜も休日も仕事してあたりまえ」なんて通用しません。業務時間の範囲内で熱狂し、やるべきことをやります。そういう静かな熱狂が、多様な人財を惹きつけ続け、また持続的にチャレンジし続けられるチームを作ります。

自分が一番じゃない

「自分が一番できる」と思っている人には、アイデアも意見も集まりません。その人が聞く耳をもたないことが明白だからです。メンバーのジョブ・ディスクリプション（職務要件）に「上司に意見することと」というのは入っていません。あくまで、メンバーの仕事は「上司と握った目標を達成すること」です。それ以外の仕事は「メンバーの善意」です。

意見が欲しいなら、アイデアが欲しいなら、それなりの努力が必要です。

- 自分がくわしくない現場の話をよく聞く
- 自分にないアイデアは真摯に受け止める
- 自分にない力は思いきり頼る

など、自分が一番できると過信してその力を見せつけるのではなく、客観的に見て足りない点を補い合うような関係性を目指します。そうすることで、自分だけでは見出せない答えを見つけられるはずです。

まちがっても「自分が一番できる」と見せつけ続けることがマネージャーのあるべき姿ではありません。自分の能力を示してメンバーを屈服させて「言うことを聞かせよう」と思った時点で、そのチームは負けるでしょう。成果も出ないし、人も離れます。

自分の考えで、自分の言葉で

「上司が言ってるから」「会社が言ってるから」と、決定事項をメンバーに横流ししてくるようなマネージャーは、メンバーからマネージャーとして認識されません。「それなら直接決めた人に聞きます」というのがメンバーの意見でしょう。だれかに言われたことや、どこかで決まったことを何も考えず横流しするのではなく、自分なりに理解し、自分の考えとして、自分の言葉としてメンバーに伝えます。また、理解できなかったり、現場の実情とは合っていないと感じたりすれば、質問や意見を上司にぶつけ、あるべき方向に会社もチームも導けるよう努力します。

マネージャーは、単なる伝書鳩ではありません。自分の考えとするために、自分の言葉で話すために、理解や調整に全力を注ぎます。

重要なことにフォーカスする

ベンチャーには、残されたお金も時間も多くありません。そんな中では、仕事も会話も重要なことにフォーカスします。成果とは関係ないやり方の違いにこだわる、今考えても仕方ないようなことの検討に時間を使う、など重要じゃないことにフォーカスするマネージャーは、メンバーにとって「結果を出すためのサポーター」どころか「障壁」でしかありません。そのようなマネージャーのチームでは正しい仕事ができないと感じ、人は離れていきます。

「そのこだわりは、成果に関係があるのか？」

「それは今やるべきことなのか？」

など、常に自分が今重要なことにフォーカスできるているかを自問自答し、残されたお金も時間も少ないベンチャーを最速で成功に導きます。

メンバーは道具ではない

目標を達成するために組織を作り、メンバーを集めてアサインするわけですが、だからといってメンバーは目標達成のための道具ではありません。メンバーは1人1人、考えも意思ももった「人間」です。人間同士として、誠実に向き合います。

メンバーの意見や意思はしっかり聞き、それに向き合います。意見を採用する、意思は尊重する、ということができなくてもかまいません。最終的には、プロジェクトというのはだれかが決めないと動かないわけで、メンバー全員が納得するような解を模索することが会社の活動の目的ではありません。それでも向き合うのです。それらに向き合うから、「今はその意見は採用できない」「今はその希望どおりのことはできない」としっかり言えるのです。

メンバーを道具として見るということは、それらに向き合わずに利用するということです。「その意見は採用するわ」と言っておきながら、闇に葬る。

「その意思は来年叶えるね」など、不確定な未来のできもしない約束をする。

そうして、今この瞬間、なんとか思いどおりに動かそうとすることです。

そうではありません。1人の人間として誠実に向き合いつつ、会社の指示として、自分の指示として、メンバーに求める働きを要望するのです。「メンバーは道具ではない」とは、そういうことを指します。

会社・上司を批判するあなたはだれだ？

メンバーが会社の批判をしている時、マネージャーはメンバーに同調したほうが、その瞬間はメンバーと意気投合できます。そちらのほうがメンバーの信頼が勝ち取れそうに思うこともあるでしょう。でもその瞬間、非常に大きなものを失っていることになります。「メンバーが、マネージャーをマネージャーとして認識しなくなる」ということです。

会社の批判をメンバーと同調してするということは、そのマネージャーは経営陣の一員でも何でもないわけです。皮肉ですが、良かれと思ってメンバーに同調したマネージャーの言うことは、その後一切聞かれなくなります。経営陣の一員どころか〝反逆者〟ともいえる人の話は信用できないし、その人の言うとおりに動いたところで会社からは評価されないだろうと感じるからです。

メンバーと同調するのではなく、また焦って無理に火消しをするわけでもなく、経営陣の一員としてその意見に向き合い、経営陣の一員として自分の意見を述べ、対処すべきは対処しましょう。「自分は経営陣の一員である」という立ち位置を見失ってはいけません。

「かんたんに理解なんてできない」という謙虚さ

第10章のピープルマネジメントの技術でも述べましたが、人が人の考えをすべて理解することなど不可能です。そういう謙虚さがあるから、「考えの一部が言語化された相手の話くらいはせめて理解しよう」と必死で努めます。メンバーの意見を少し聞いて、「それはこういうことね」「それはこうすればいい」などかんたんに結論づけるようなことを繰り返していると、「この人は自分の話を聞こうとしない」と絶望され、メンバーは離れていきます。

相手の考えなんて、かんたんに理解できるものではないのです。どれだけ聞いても100%理解するのは不可能です。だからこそ、必死でわかろうとします。そのわかろうという態度を見て、メンバーは「この人なら信用できる、一緒に仕事がしたい」と思うわけです。

3 慢性的に退職が起こり続ける理由

構造欠陥

慢性的に退職が起こり続ける理由は2つしかありません。
1つめは「構造欠陥」です。図のように、序章で学んだ構造のどこかに欠陥があります。

役割
【例】チームの役割が曖昧なので、自分の仕事が会社にとって必要かわからない

目標
【例】野心的な目標がないので、毎日同じことの繰り返しで成長実感がない

意義
【例】意義がないので、メンバーは何のために苦しい業務に向き合っているのかが不明で、人が慢性

図12-1
退職が起こり続ける構造的欠陥

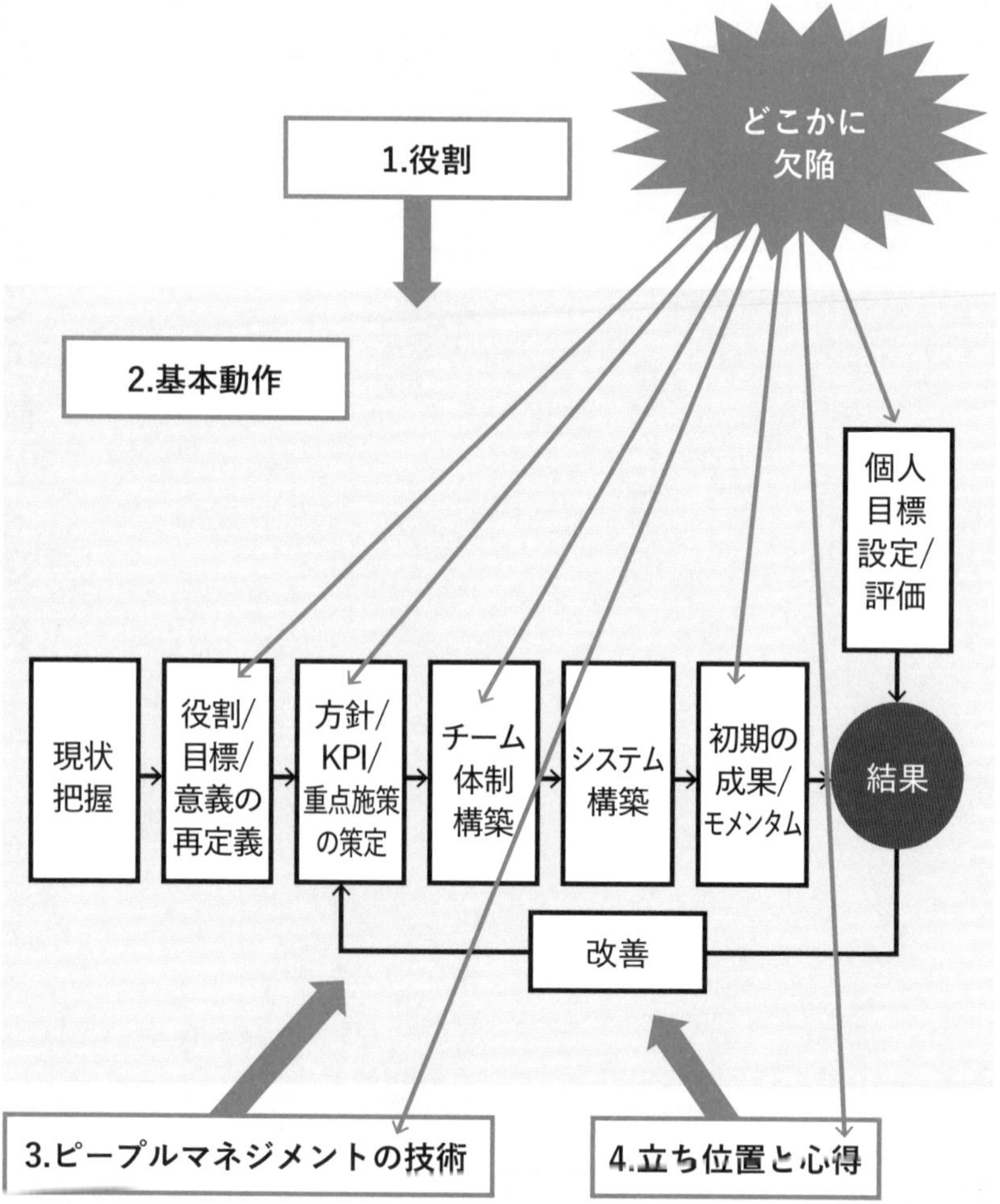

的に辞める

方針・KPI・重要アクション

【例】方針がないので、何をすればいいのかわからず、毎日が暇

体制パターン

【例】体制構造に不備があり、過度な文鎮型組織でマネージャーとまともに話せない、構造を飛び越えたダブルマネジメントを受けるなど、メンバーが疲弊している

アサインメント

【例】アサインメントに不備があり、自分の力を業務で活かしきれない感覚に陥る

権限設計

【例】権限設計に不備があり、決めるべき時になかなか決まらなかったり、決めたことがひっくり返されたりを繰り返して、正しい仕事ができない

相互理解

【例】相互理解レベルが低く、メンバー間の対立が絶えない

ルール

【例】ルールが形骸化していて、お互い約束を守れないチームになっており、仕事がやり辛い

推進システム

【例】推進システムに不備があり、意味のない会議や情報不足感など、働く環境として非常にストレスフルである

初期の成果・モメンタム

【例】モメンタムが不在で、雰囲気も暗く、停滞感を感じる

個人目標設定と評価

【例】評価プロセスが雑に進められ、評価に納得感を持つことができない

このように、構造に不備があれば、それが退職につながります。「バケツに穴が空いた組織」というのは、上記のようなことが一部、またはすべてで起こっている組織を指します。

チーム単位で欠陥があるならそのチームは慢性的に人が辞めやすい構造になっているでしょうし、会社単位で欠陥があるならその会社は人が辞めやすい構造になっているといえます。

「退職が止まらない」というのは、ベンチャーあるあるだと思います。1つの構造欠陥かもしれませんし、複数の構造欠陥かもしれません。上昇志向が強くチャレンジングなキャリアを歩みたい欲求が強い人が集まるのがベンチャーなので、ほかの業界と比較して人の流動性はたしかに高いのですが、

「毎年入社しては辞めていくを繰り返し、社員がいっこうに増えない」
「退職補填の採用を繰り返し、毎年利益が採用費に全部もっていかれ、赤字が続く」

など、明らかに辞めすぎで「これでは組織の成長は見込めないだろう」というレベルで危機を感じたらチェックしてみてください。はじめに確認すべきは、構造欠陥です。

マネージャーのあり方・人間性欠陥

構造欠陥と同時に、マネージャーのあり方・人間性欠陥というのがあります。本章の立ち位置と心得にマネージャーを照らし合わせてください。そのマネージャーの立ち位置と心得のどこかに欠陥があれば、人が辞めやすい構造になっているといえます。そのマネージャーがあるチームのマネージャーであれば、そのチームは人が辞めやすい構造になってますし、そのマネージャーが社長であれば、会社全体が人が辞めやすい構造になっています。マネージャーの立ち位置と心得という「あり方・人間性」は、そのマネージャーが担当する範囲で影響を及ぼすのです。

図12-2

マネージャーの「あり方・人間性」は担当する範囲で影響を及ぼす

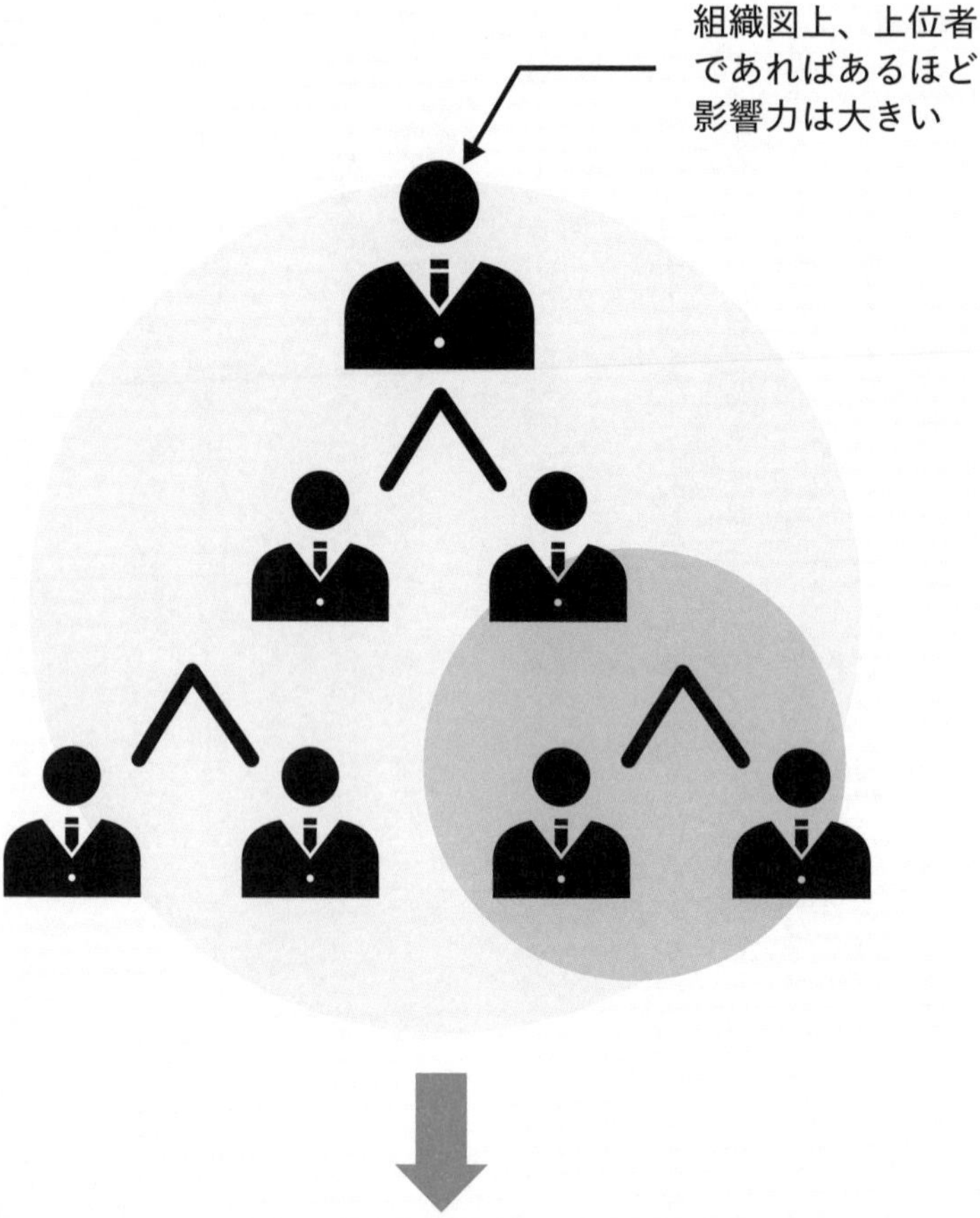
組織図上、上位者
であればあるほど
影響力は大きい

組織図上の上位者のあり方次第では全社的・慢性的な
退職を引き起こす

慢性的な退職が続いては、その補填に時間もお金も奪われ、そうこうしているうちに勝機を逃したり、競合に負けたりします。慢性的な退職が発生する可能性の1つとしてマネージャーのあり方の欠陥があるならば、マネージャーのあり方は会社の競争力そのものにダイレクトに影響を及ぼしているといえるでしょう。

終章

マネージャーにとって一番大事なこと

「成果を出さなければ」と思っていること自体がバカバカしい？

8年前、DeNAの提携先である某メガベンチャーの創業者Aさんと食事をさせていただける機会がありました。そこで、こんな会話がありました。

上司「Aさん、こいつ（長村）悩んでるんですよ、アドバイスしてやってもらえませんかね」
Aさん「何に悩んでるの？」
長村「とにかく成果が出ていなくて、成果を出さないとまずいのですが……」
Aさん「はっはっはっはっ!!　成果を出さなければと思ってること自体がバカバカしいね」
長村「えっ……？」

それから何年も、この言葉に引っかかってました。どういう意味かさっぱりわからなかったのですが、何かものすごく大事な気がして、何年も何年も頭から離れずに残っている言葉でした。最近、ようやく意味がわかるような気がしてきたので、最後にそのことをお伝えしたいと思います。

辛いお昼休み

Aさんからいただいた言葉の真意を解き明かすために、少し自分の高校時代の話をしたいと思います。私の高校時代は、コンプレックスと劣等感にまみれた黒歴史で、決して良い思い出ではありません。クラスで友達もできず、軽音楽部ではバンドをクビになり、重症のニキビで人の目を見ることもできず、ずっと下を向き、気づけばお昼休みは1人でお弁当を食べていました。

「なんだそれくらい別にそんな辛くないだろ、ほかにもっと辛いことなんて世の中いくらでもあるだろ」と今なら思うこともあるのですが、高校という、本当は小さなはずですが当時の私にとっては世界そのものといえるコミュニティの中で、自分の存在感の薄さを感じ、本当に辛かったという思い出です。

私の通っていた高校は共学だったのですが、そこで存在感を示す方法は次の3つしかないのではと当時は思いました。

①顔がかっこいい
②スポーツができる
③勉強ができる

「器が大きい」とか「気が利く」とか「何かにくわしい」とか、そういうわかりにくい価値ではなかなか存在感を示せないのではと思いました。

では、どれで突き抜けるか？　①と②は先天的な要素がかなり強そうで、かんたんにはリカバリーできないだろうと思ったので、後天的な努力で勝負できる③にフォーカスしました。

とにかく勉強しました。テストでは常に上位だったし、浪人はしましたがその高校の偏差値からすればありえないくらい偏差値の高い大学に入ったと思ってます。

大学に合格した頃、すでに高校卒業から1年経ってましたし、高校の同級生で連絡を取っていた人など1人もいませんでしたし、当時はＳＮＳもなかったので、同級生のみなさんの近況を確認する術もありません。

もうそのコミュニティからは完全に抜けているはずなのに、そのコミュニティでの生活は終わったはずなのに、なぜかそのコミュニティで存在感を示せた感じがしてうれしかった。

「存在感を示すには、そのコミュニティの中で存在を認めてもらえるような大きな成果を残さなければならない」

こういう考えが、強烈に自分にインプットされました。

社会人になっても一番大事なのは「存在感」

コミュニティの中で認められたい。もう1人でお弁当は食べたくない。常に人に囲まれていたい。注目されていたい。そのためには成果を残さなくては——この考えは、社会人になってからも続きま

図13-1

リクルートに内定した体験記

私の場合は、数々の経験を掘り下げた結果、自分の底にある「いつでも強烈な存在感を示せる人間でいたい」というポリシーにたどりつくことができました。いつもこのポリシーに従ってアクションを起こしてきたし、このポリシーに反することがあれば不快感を覚えてきたということを「発見」できました。

す。

1社目のリクルートを選んだ理由は、「みんなから羨まれる一流企業なんだけど、ちょっと尖っててかっこいい」という理由です。それ以外ありません。新卒で入った時は、仕事ができなさすぎて年俸を下げられ、会社では何の存在感も出せなかったので、「せめて世間では存在感を少しでも出そう」と、リクルートの社員証を首からぶらさげたまま電車に乗ったり、リクルートの紙袋は会社のロゴがわざと見えるように持ち歩いたり、飲み屋で平気でリクルートの名刺を配り歩いたり、今考えると相当な、相当なイタイ野郎ですね。自分でもドン引きですが、過去の事実であります。

リクルートを辞めた理由はシンプルで、「チームリーダー」という存在感のあるポジションをしばらく得られなさそうだったからです。

チームリーダーは、部会（参加者100人くらい）で、みんなの前でプレゼンします。チームリーダーは、何かにつけて、部の意思決定に関与します。チームリーダーが何を考えているかは、みんな気になります。

図は、大学の時に「リクルートに内定した体験記を書いてくれ」と言われて書いたものです。存在感への渇望が、私を動かす原動力でした。

「成果を出さなければ自分は終わるんだ」成果にこだわるものの、マネージャーを外される

DeNAに転職した理由は、本書の冒頭にも述べたように、柴田大介さん（現ユニラボ代表取締役COO）に会ったからです。柴田さんに憧れて、DeNAに入ります。

DeNAに入った後は、死ぬ気で仕事をしました。年収も思いきり下げて入ったし、リクルートよりもブランドのない会社だし、「会社で存在感を発揮できなければ人生が終わる」と思いました。毎日が全力コミット、とにかく懸命に仕事をしました。

DeNAに入って1年、大きな成果を残せ、上半期の全社MVPにもなりました。この成果をもっ

て、念願のチームリーダーを任せてもらえるようになります。

私の一番の関心事は「成果」です。

成果を残さなければ、DeNAからも、社会からも、自分の存在感がなくなる。もう高校時代のような存在感を感じられない生活は送りたくない。自分は成果を残さない限り、価値ある存在として認知されないんだ。

そういう強烈なコンプレックス、劣等感が自分を突き動かしていました。

いろいろな部署を経験させてもらいました。マネージャーとして担当した仕事は、広告営業マネージャー、広告事業部長、子会社の株式会社AMoAd取締役、中途採用マネージャー、経営企画マネージャー、PMIチームのリーダー、もう1回広告事業部長、子会社の株式会社ペロリ（現 株式会社MERY）社長室長、人事部長など。どのチームでも、とにかく成果にこだわりました。それなりに成果も残せたとは思います。

一方で、自分のチームの成果に執着するがあまり、メンバーにひどいことを言ったり、深く傷つけてしまったり、部内で不正が起きたり、他部署との連携を軽視して迷惑かけたり、上司にまともに報告しなかったり……こんな状態が続きました。「こんな状態が続きました」と平然と書いてますが、これは今振り返って言えることであって、当時は上記のような状態であることを認識しておらず、「成果を残してるんだから文句ないよね」というスタンスで仕事をしていました。

ある時、柴田さんに呼ばれました。前置きなく、一切の忖度なく、こう言われました。

「外すから、もう決めたので」

もう泣きながら「なんでなんですか、成果を残してるじゃないですか、ほかの人にできるんすかこれが」と感情丸出しで訴えました。

結局、そのチームのマネージャーは外されましたが、「ほかのチームで再起を図れ」とのことで、ほどなくほかのチームのマネージャーになりました。私の知らないところで、柴田さんに大変なフォローをしていただいたんだと思います。

この出来事で、何に気づいたのか？　目が覚めたのか？　覚めかけてはいましたが、根本的にはまだ変われていなかったと思います。

さらなる存在感を求めて転職したものの、「自分は何をしてるんだろうか」

「DeNAではこれ以上は活躍できなさそうだから、もっと存在感を発揮できる場所に行こう」と、ハウテレビジョンに転職しました。取締役として入社したので、ハウテレビジョンという小さなコミュニティでの存在感ははじめから用意されました。

ただ、ハウテレビジョンの中だけではもう満足できません。「社会に存在感を発揮できる人間になろう」その想いが、上場への原動力になります。

根本的に変われていない自分は、相変わらず成果だけに執着します。2年という短期決戦で業績を一気に伸ばして上場まで持っていけたのは、もちろん自分のお陰だけではありませんが、成果に執着する自分の存在も大きかったのではないかと自負しています。ただその過程で、本当に大事な仲間に絶望され去られたり、本当に大事な仲間を深く深く傷つけてしまったり、また同じことを繰り返していました。

「これでいいんだろうか」
「自分は何をしてるんだろうか」

たしかに求める成果は残したのかもしれませんが、成果を残せばそれでいいのか。

自分にはものすごく大事なものが欠けている感じがして、上場後しばらくすると仕事にあまり力が入らなくなり、空っぽになりました。

ここから、自らをじっくり振り返ることになります。

「自分はどんなマネージャーだったのか？」

コンプレックスや劣等感に飲み込まれ、とにかく成果を出すことの1点だけを見つめ、成果の代わりに大きな代償を払うことをよしとするマネージャーでした。「組織を消耗するマネージャー」であり、「成果という大義の下、大きな傷を残すマネージャー」でした。そんなマネージャーは、短期的に見栄えのいい成果は出せるかもしれませんが、持続的な成長は実現できないでしょう。

「自分は『良い』マネージャーなんかじゃなかった」

DeNA時代は1年程度で頻繁に異動していたので、短期的な成果で評価は一定されたのでしょう。ハウテレビジョンでも、上場まで2年だったので、その短期では成果が出せたのでしょう。そして何より、短期的な成果でしか自分を測定できない業務の連続では、自分の欠点に気づけなかったのでしょう。

「5年、10年、もっと長く、持続的に成長し成功し続けるチームを作る力が自分にはあるのか?」

今の自分のスタイルを続ける限り、おそらく無理でしょう。それを「良い」マネージャーとは言わないでしょう。

内省を経て、自分に欠けてるものがわかった気がしました。

「良い」マネージャーって何だろうか

ＤｅＮＡ時代、柴田さんにふと言われたことがあります。

「長村さ、とにかくメンバーを大事にすべきだよ」

その時は「柴田さん、それは、成果を残すために必要なら、ですよね」と心の中で呟いていたと思います。内省中、そのことがふと思い出されました。

「『成果を残すために必要なら、ですよね』じゃなくないか？」

メンバーが自分の能力を最大限活かせる仕事にアサインされて、その仕事で最大限のやる気を発揮し、仕事に臨む。

そして成果を残して成長し、もっと大きな成果を残す。

全メンバーがそんなふうに成功すれば、チームの成果は勝手に残ります、しかも、持続的に。

そして、だれかが絶望したり深く傷ついたりすることもありません。

成果「だけ」に執着して、成果という大義名分の下、メンバーを犠牲にして残した成果は、持続性のない、偽物の成果なのではないか。

メンバーの本質的な成功・成長に執着した結果残るのが成果であって、そういう成果こそが持続的で本質的な成果というものなのではないか。

そして、何より柴田さんに常にそうしてもらっていたことにも気づきました。

もちろん、メンバーへの執着以外に、「野心的な目標設定」「正しい方針策定と運用」「状況に応じたチームビルディング」「ピープルマネジメント」……など、マネージャーとしての技術を高いレベルで発揮することは重要です。ただ、それもこれも、「メンバーの本質的な成功・成長に執着する」という根本的なスタンスがなければ、大して威力を発揮しないでしょう。

「成果を残さなければと思っていること自体がバカバカしい」という言葉の自分なりの解釈

Aさん、こういう意味ではなかったでしょうか？

成果にしか執着してないでしょ？　成果を出すためには何をしてもいいと思ってるでしょ？

そんな執着の仕方で、本質的な成果なんて残るわけないでしょ。

まずは目の前のメンバーに執着しなさい。

成果を作るのはマネージャーではなく、メンバーです。そのメンバーを大事にする、そのメンバーの本質的な成功・成長にコミットする、まずはそこ。そこだけ見て仕事をしてみなさい。

それがない状態では、何をしようが本質的な成果なんか残るわけないでしょ。


いつか機会があれば、答え合わせをさせていただけますと幸いです。

おわりに

「メンバーの本質的な成長・成功にコミットする」というベースのスタンスがなければ、一流のマネージャーにはなれません。

「マネージャーに向いていない人はどのような人ですか？」

とよく聞かれますが、もし1つだけあるとすれば

「メンバーの本質的な成長・成功にコミットできない人」

であると答えます。

本書で述べてきたものは、スタンスも含めて「技術」です。経験でもセンスでもありません、だれでも訓練で身につきます。

しかし、この「メンバーの本質的な成長・成功にコミットする」というのは、もはや仕事のスタンスというよりも、その人の根本的な価値観にも触れるものです。これが、どうしてもそう思えないというのであれば、マネージャーには向いていないと思います。

図13-2
「メンバーを大事にする気持ち」がマネージャーの根本

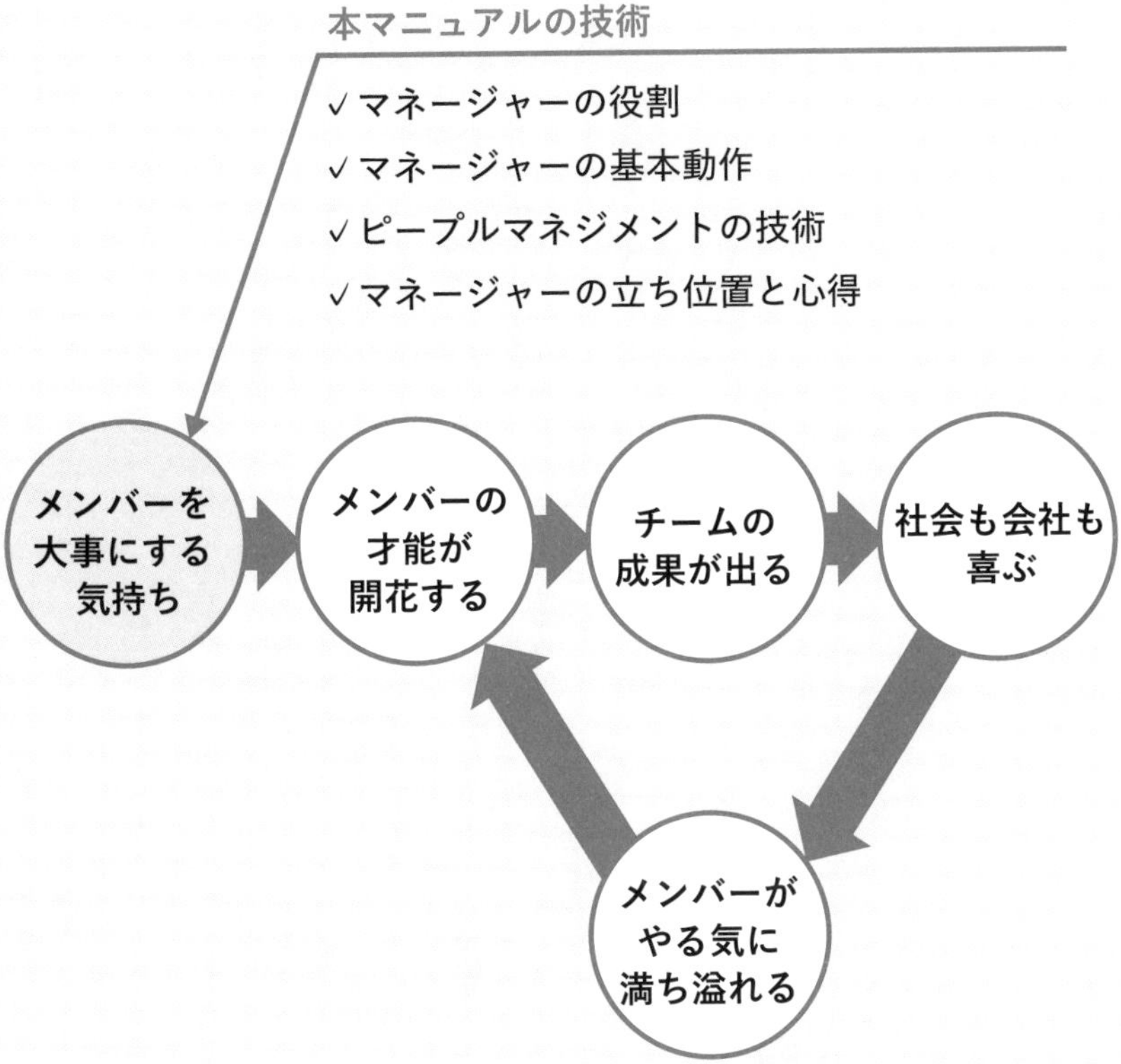

それは別に悪いことではありません。マネージャーという仕事の根本は、「人を活かす」ことです。そして、「人に成果をあげてもらう」ということです。

この根本に立ち返ると、「メンバーの本質的な成長・成功にコミットする」ということができないのであれば、本書で述べてきたマネージャーの具体的な業務には向き合えないのではと思います。マネージャーではない業務で、その力を発揮すべきだと思います。

「どうすればその価値観を持てますか?」という問いにはお答えできません。価値観は、訓練で身につけるものではないからです。ただ、「それが大事なんだな」と頭で認識することはできます。それを認識して、マネジメント業務に向き合ってみて、その仕事が熱意をもって続けられそうか、感触を確かめてみてください。まずはそこから始めるといいと思います。

謝辞

本書を出版するにあたり、たくさんの方々に御礼を申し上げなければなりません。

まず、本文でも何度かご紹介させていただきましたが、私をベンチャーの世界に引き入れてくれて、都度大事なことを教えていただいた柴田大介さんには何度御礼を言っても言い切れません。柴田さんがいなければ、ベンチャーマネージャーとしてこんなに楽しくて刺激的なキャリアは歩めなかったでしょうし、マネジメントができるようにもなりませんでしたし、ましてやそれを普段の仕事やこのような書籍を通じてだれかに伝えることはなかったと思います。本当にありがとうございます。

学生時代にアルバイトで出会ってからの友人であり、前職ハウテレビジョンでも同僚であり、EVeMを共に創業した川副浩司さん（現EVeM取締役）は、いつも私の挑戦を強力に支えてくれます。ハウテレビジョンでは共に上場準備で汗をかき、COOという重責に打ち負けそうな自分をいつもサポートしてくれ、またEVeMではCFOとして急成長中の当社を支えてくれています。いつもありがとう。

「ベンチャー企業のマネージャー向けのマニュアルのようなものが必要だと思うんだ」という話をし

てもほとんどの人は「?.」というリアクションだったのですが、はじめに話した時から「絶対必要ですよね！」と強く共感してくれ、EVeM立ち上げの際は無給で手伝ってくれ、いつもそばで応援してくれた紺野佳南さん（現EVeM取締役）にも大変感謝しています。ありがとう。現在はEVeMを共に経営しているパートナーですが、彼女となら良い会社が作れるだろうと確信しています。

「マネジメントを教えるスクールをやろうと思うんだ」と話したら数秒後には「手伝います！」と手をあげてくれて、紺野さん同様無給で手伝ってくれ、それ以来いつも応援してくれている山口寛奈さんにも頭が上がりません。EVeMが目指す世界観を世に広げるためのアイデアをいつもたくさんもらっています。ありがとう。

EVeMは創業1年と少しを経た生まれたての小さな会社ですが、EVeMを共に運営してくれているメンバーのみなさん、EVeMのサービスを応援してくださっているお客様、EVeMにアドバイスや支援をくださる方、たくさんの方々に支えられながらこのような書籍を出すに至りました。本当にありがとうございます。

また、本書を執筆するにあたって、私がこれまで発信していたブログを具に読んでいただき、私が伝えたいことを細かいニュアンスまで丁寧に汲み取ってくださり、その上で貴重なアドバイスと共に執筆初心者の私を優しく導いてくれた技術評論社の傳智之さんにもこの場を借りて御礼申し上げます。

ありがとうございます。

そして最後に、私が新しいキャリアを歩もうとする時はいつも「あなたがやるなら大丈夫でしょう」と信じて送り出してくれる妻の綾子には感謝してもしきれません。彼女がいるからいつも自信を持って、安心して挑戦できています。ありがとう。

あらゆるベンチャー企業・プロジェクトがマネジメントにおいて大成功し、素晴らしいサービス・取り組みが世に1つでも多く提供されるよう、今後も全力で仕事に臨んで参ります。今後ともご指導・ご鞭撻のほどよろしくお願い致します。

2021年11月　株式会社EVeM　代表取締役兼執行役員CEO　長村禎庸

著者紹介

長村禎庸（ながむら よしのぶ）

株式会社EVeM代表取締役。
2006年 大阪大学卒、株式会社リクルート入社。
2009年 株式会社ディー・エヌ・エーに入社。広告事業部長、㈱AMoAd取締役、採用マネージャー、経営企画マネージャー、PMIプロジェクトリーダー、㈱ペロリ 社長室長 兼 人事部長など、さまざまなチームのマネージャーを担当。
2017年 株式会社ハウテレビジョンに入社。取締役COOとして、管理部門以外のすべての部門を統括。停滞する業績を急成長させ、2019年同社を東証マザーズ上場に導く。
2020年8月、ベンチャーマネージャーを育成する株式会社EVeMを設立。創業1年にしてベンチャー中心に100社以上の経営者・マネージャーにオンライン完結型のマネジメントトレーニングを実施。
情報経営イノベーション専門職大学客員教授も務める。

ホームページ	https://www.evem-management.com/
Twitter	https://twitter.com/meiku_shiba
note	https://note.com/nagam
YouTube	https://www.youtube.com/channel/UCaVpCkDr9ssqxnUIkHq_Egw （長村禎庸のベンチャーマネージャースクール）

●ブックデザイン――Design Workshop Jin
●DTP・作図――白石知美（システムタンク）
●編集――――傳 智之

◉お問い合わせについて
本書に関するご質問は、FAX、書面、下記のWebサイトの質問用フォームでお願いいたします。
電話での直接のお問い合わせにはお答えできません。あらかじめご了承ください。
ご質問の際には以下を明記してください。

・書籍名
・該当ページ
・返信先（メールアドレス）

ご質問の際に記載いただいた個人情報は質問の返答以外の目的には使用いたしません。
お送りいただいたご質問には、できる限り迅速にお答えするよう努力しておりますが、お時間をいただくこともございます。
なお、ご質問は本書に記載されている内容に関するもののみとさせていただきます。

[問い合わせ先]
〒162-0846
東京都新宿区市谷左内町21-13
株式会社技術評論社　書籍編集部
「急成長を導くマネージャーの型」係
FAX：03-3513-6183
Web：https://gihyo.jp/book/2021/978-4-297-12385-7

急成長《きゅうせいちょう》を導《みちび》くマネージャーの型《かた》
～地位《ちい》・権力《けんりょく》が通用《つうよう》しない時代《じだい》の"イーブン"なマネジメント

2021年 11月26日　初版　第1刷発行
2024年　6月11日　初版　第6刷発行

著者　長村禎庸《ながむらよしのぶ》
発行者　片岡巌
発行所　株式会社技術評論社
東京都新宿区市谷左内町21-13
電話　03-3513-6150　販売促進部
03-3513-6166　書籍編集部
印刷・製本　日経印刷株式会社

定価はカバーに表示してあります。

ISBN978-4-297-12385-7　C0034
Printed in Japan